Copyright Info

Umschlaggestaltung: Gordon Delfino

(info@gordondelfino.com)

Lektorat: Melanie Farley

Satz: Roland Jackops

Kolektorat: Benjamin Maier

muttisurlaubsenglisch@gmail.com

ISBN-13: 978-1480162129

Muttis Urlaubsenglish - in 7 Tagen startklar für den Urlaub

A. Abraham

»»Muttis Urlaubs Englisch««

.....in 7 Tagen startklar für den Urlaub

»»Über das Buch««

Bevor Sie mit dem Lesen dieses Buches beginnen, einige Sätze vorab. Entstanden ist dieses Buch aus zahlreichen Erfahrungen der Praxis. Es ist nicht die Hürde, eine neue Sprache zu erlernen, die viele Menschen davon abhält, als Vorbereitung zum Urlaub Englisch zu lernen. Es ist viel mehr der Punkt, dass das Erlernen durch viele Faktoren erschwert wird. Viele Worte, gerade im Englischen werden komplett anders gesprochen als sie geschrieben werden. Hand aufs Herz, wer will Grammatikregeln oder komplizierte Eigenheiten einer Sprache pauken wenn er in den Urlaub fährt? Eigentlich niemand. Genausowenig ist es hilfreich, dass in zahlreichen Reiseführern oder Wörterbüchern die sogenannte "internationale Lautschrift" zum Einsatz kommt, die dem Interessierten mit seltsam anmutenden Zeichen erklärt, wie man ein Wort ausspricht. Zeichen, die selbst erfordern, dass man sie erst lernen und sich näher mit ihnen beschäftigen muss.

Das waren die Grundgedanken, einen Sprachführer zu entwickeln, der nicht von oben herab mit der allwissenden Weisheit eine Sprache erklärt, sondern der vom Boden aus einfach und klar gehalten die gebräuchlichsten

Redewendungen und Sätze so einprägsam vermittelt, dass man vollkommen unbefangen und ohne Vorkenntnisse in die Sprache einsteigen kann und am Ende dieses Kurses nach 7 Tagen in der Lage ist, Höflichkeiten auszutauschen

und mit dem notwendigen Grundwissen ausgestattet Alltagssituationen bestehen kann. **Wenn Sie Englisch lernen möchten, um im Urlaub nicht aufgeschmissen zu sein oder um nicht unhöflich zu wirken, indem Sie einfach von Ihren Gastgebern erwarten oder voraussetzen, dass man "Deutsch" spricht , dann ist dieser Kurs das richtige für Sie. Wenn Sie statt dessen die Sprache perfekt und fließend erlernen möchten, dann könnten Ihre Erwartungen mit diesem Kurs nicht erfüllt oder leicht enttäuscht werden.** Denn dieser Kurs sieht sich als praxisorienter Einstieg in die Sprache und soll den Leser in die Lage versetzen, die häufigsten Situationen, die ihm während dem Urlaub begegnen könnten, zu verstehen und zu meistern, ohne an der sprachlichen Hürde zu scheitern. Ohne Stress, ohne Überfrachtung mit trockenem Wissen, sondern praxisnah und nachvollziehbar.

Es sind die Kleinigkeiten, die uns in den Augen anderer als höflich und sympatisch erscheinen lassen, oder die uns zum ungeliebten und arroganten Gast machen. Diese Kleinigkeit kann darin bestehen, eine Sprache, die der Gastgeber oder Verkäufer im fremden Land versteht versuchen anzuwenden oder darauf bestehen zu wollen, dass er Deutsch zu können hat. Englisch wird nahezu überall auf der Welt verstanden, obwohl es nicht die dortige Muttersprache ist. Das heißt aber auch, dass Englisch für den Verkäufer oder die Bedienung im Restaurant ebenso eine Fremdsprache ist. Niemand wird also von Ihnen erwarten, die Sprache fließend zu beherrschen; keiner wird Ihnen böse sein, wenn Sie nicht fließend Englisch reden, aber man wird dankbar dafür sein, dass Sie dennoch versuchen sich dieser Sprache so zu bedienen, dass Sie auch verstanden werden. In genau diese Lage soll dieser Kurs Sie versetzen, indem er Ihnen für die möglichen Situation im Urlaub, in denen Sie mit Einheimischen oder Fremden zusammentreffen, die möglichen Redewendungen an die Hand gibt und zudem auch zeigt, mit welchen Redewendungen Sie konfrontiert werden könnten.

Dabei werden in diesem Kurs nicht nur die jeweiligen Formulierungen dargestellt, sondern die Aussprache auch so gezeigt, dass Sie sie verstehen können. Es wird **keine Lautschrift** zur Erklärung eingesetzt, sondern es wird in Ihrer gewohnten Schrift die jeweilige Aussprache dargestellt. Damit können Sie diese Redewendungen und Sätze leicht nachsprechen und verstehen und so mit nur ein wenig Übung gut vorbereitet verreisen – Auch wenn diese Dartstellung den Akademikern die Haare zu Berge stehen lassen wird. Aber für diese Zielgruppe ist dieses Buch auch nicht angelegt.

»»Vorwort««

Die englische Sprache kommt immer mehr zum Einsatz. Während Europa immer enger zusammen rückt und durch das Wegfallen jeglicher Grenzen innerhalb der Europäischen Union das Reisen von einem Land in ein anderes genauso leicht gemacht wird, wie die Fahrt von Bremen nach Hamburg, gibt es eine Barriere, die immer wieder im Alltag anzutreffen ist. Die währung ist es nicht. Durch den Euro (den man verfluchen oder lieben kann) spielt es gar keine Rolle, wo sie gerade sind. Sie können mit dem Geld in Ihrer Brieftasche bequem bezahlen. Nein, es ist die Sprache, die Europa noch zum Flickenteppich macht. Möchte man jedes Land einmal besuchen und sich dort verständigen, muss man theoretisch knapp 20 Sprachen oder Dialekte verstehen oder sprechen.

Es sei denn man beherrscht eine Sprache, die fast überall verstanden und akzeptiert wird (zumindest dort, wo Menschen gern ihren Urlaub oder ihre Kurzferien verbringen). Leider ist diese Sprache jedoch kein Deutsch, nein, vielmehr ist es Englisch. Mit Englisch kommen Sie in fast ganz Europa gut zurecht. Es wird nahezu in jeder Schule in der europäischen Union als Pflicht- Fremdsprache gelehrt und in den Gebieten von häufigen Touristenverkehr zudem nahezu überall angewandt.

Doch so schön das auch ist, wenn es darum geht, eine Reise anzutreten und der Tag schließlich gekommen ist, dann stehen sehr viele angehende Urlauber vor einem Dilemma. Das Englisch, dass man in der Schule früher einmal gelernt hat, ist nahezu vollständig vergessen. Das ist zunächst Nichts, wofür man sich schämen müsste oder was auch nur ansatzweise peinlich anzusehen ist. Wir alle vergessen Sachen, die wir nicht täglich nutzen oder benötigen. Oder können sie sich erinnern, wann Sie zum letzten Mal den Satz des Pythagoras brauchten? Können Sic sich noch an den erinnern? Sie sind Deutscher oder haben Deutsch als Muttersprache (zumindest die meisten von Ihnen) und warum sollten Sie also eine Fremdsprache einfach so in Ihrem Kopf lebendig erhalten?

Wenn es also so weit ist, dass eine Reise in ein Land ansteht, dass Deutsch eben nicht als Muttersprache oder Amtssprache hat, dann verlassen sich sehr viele darauf, dass man in den Hotels schon Deutsch sprechen wird. Das mag auch in sehr vielen Fällen so sein. Doch je nachdem wohin sie fahren, werden Sie sehr schnell feststellen, dass Deutsch außerhalb des Hotels oder der Hotelanlage nur noch selten, wenn nicht sogar gar nicht verstanden wird und Sie anfangen müssen, mit Händen und Füßen zu argumentieren, wenn Sie nach dem Weg fragen oder aber etwas im Restaurant bestellen möchten. Wer eine Ferienwohnung an Stelle eines Hotels für seinen Urlaub auswählt, wird sehr schnell auf die Grenzen seiner Verständigung stoßen. Doch wohin führt das? Sicher, Sie können den Urlaub im Hotel genießen. Dort versteht man sie, dort umgeht man Sie und man kümmert sich aktiv um Ihr Wohlbefinden. Auch am Strand werden Sie sich erholen können. Das Wasser verlangt keinen Sprachtest. Unter Umständen werden sie auch eine deutsche Speisekarte in einem der Restaurants vorfinden, in der Sie in ihrer gewohnten Sprache das Bestellen können, was sie gern essen würden. Aber dann hört es schon sehr schnell auf.

Denn die deutsche Sprache ist eine Sprache, die für Ausländer nur sehr schwierig zu erlernen ist. Der Stamm der Sprache, der Ursprung ist selbst eine Entwicklung verschiedener Dialekte und Sprachen und ähnelt kaum einer anderen Sprache. Das macht es für viele Ausländer schwer, diese Sprache zu erlernen, selbst wenn diese es wollen. Nur je weiter entfernt man von Deutschland lebt, umso geringer die Bereitschaft, sich diesen Hürden der deutschen Sprache hinzugeben. Statt dessen wird vielfach Englisch vorgezogen, nicht zuletzt, da diese englische Sprache nahezu von jedem Europäer verstanden wird und angewandt werden kann. Um seinen Urlaub oder seine Auslandsreise also vollständig genießen zu können und auch einmal dahin zu gehen, wo nicht Deutsch gesprochen wird, scheint es unerlässlich, sich mit den Grundzügen der englischen Sprache auseinanderzusetzen.

Jetzt haben sie die Wahl, sich einem Sprachkurs auf der Volkshochschule als Vorbereitung Ihres Urlaubes hinzugeben. Sie können fleißig zu Hause Vokabeln lernen und sich gegenseitig abfragen oder Sie können einen der zahlreichen Sprachkurse belegen, die im Alltag in Zeitungen, Zeitschriften oder dem Internet offeriert werden. So gut und lobenswert die Bereitschaft ist, sich auf diesem Markt der zahlreichen Angebote umzusehen, so groß ist auch die Gefahr, daran zu scheitern. Denn was wird in der Regel geboten? Sie werden in die Grundzüge der Sprache eingeführt, fangen also noch einmal da an, wo Sie schon in der Schule bestenfalls begonnen haben, und erlernen dann Schritt für Schritt die englische Sprache. Nach erfolgreicher Beendigung dieser Sprachkurse werden Sie somit die Grundzüge beherrschen und sich verständigen können. Doch einen Nachteil haben Kurse und Angebote wie diese: Es wird eine Sprache vermittelt!

'*Eine Sprache vermittelt*'? Das soll ein Nachteil sein. Ja! Das kann ein Nachteil sein. Spätestens wenn Sie zurück kehren aus dem Urlaub. Werden Sie weiter diese neu erlernte Sprache in Ihrem Kopf und Gedächtnis am Leben halten? Werden Sie diese weiter pflegen und anwenden, um keine Details zu vergessen? Denn Sie wissen: etwas, das man nicht regelmäßig nutzt und anwendet gelangt in Vergessenheit. Und nicht zu vergessen, was von dem, was Ihnen als Sprache vermittelt wird, werden Sie brauchen, wenn Sie im Urlaub sind? Nur sehr wenig, den Rest könnten Sie eigentlich direkt wieder vergessen. Nur ist dann das Problem zu wissen, was von dem man vergessen kann und was nicht. Sie werden also eher 'überfrachtet' und nicht sinnvoll auf den Urlaub vorbereitet.

Sie werden also unmittelbar nach einem solch umfangreichen Sprachkurs sicherlich für den Moment gut präpariert sein. Doch was wird einige Wochen oder Monate später noch davon übrig sein, wenn Sie diese Sprache eben nicht mehr regelmäßig nutzen und anwenden müssen, um sich zwingend zu verständigen? Der Kurs war umsonst, im besten Fall eine willkommene Abwechslung vom Alltag. Obwohl bezweifelt werden kann, ob es wirklich willkommen sein kann, wenn man wochenlang Vokabeln und Grammatik Regeln lernen muss. Vokabeln lernen, für viele von uns ein wahrer Albtraum. Striktes Auswendiglernen von Begriffen, die dann in trockener Art abgefragt werden. Ob dies tatsächlich dazu beitragen kann, eine Sprache lebhaft anzuwenden mag bezweifelt werden.

Ich begegne in meinen Seminaren oder bei meinen Vorträgen sehr häufig Menschen, die genau dieses 'starre' System kritisieren. Sie würden gern Sprachen lernen, sie würden gern zielgerichtet vorbereitet mit den notwendigen Sätzen und Formulierungen in den Urlaub fahren, aber leider fühlen sich diese Menschen bei den derzeitigen angeboten mit diesen wünschen nur allzu häufig im Stich gelassen.

Denn Hand aufs Herz: Wenn wir den Urlaub oder die kurze Reise einmal durchgehen, was genau benötigen Sie wirklich an Sprachkenntnissen? Weder müssen Sie alle grammatikalischen Fälle kennen, noch müssen Sie sich detailliert über das Tagesgeschehen auslassen. Sie möchten im Urlaub einen Weg wissen, möchten Theaterkarten oder Souvenirs kaufen, möchten die Speisekarte sehen und nicht zuletzt eine unmissverständliche Bestellung aufgeben. Entweder im Restaurant oder spätestens nach einer durchfeierten Nacht, wenn Sie dem Taxifahrer sagen müssen, wohin die Reise gehen soll.

Aus dieser Grundidee ist dieses Buch entstanden. Geleitet von dem Wissen, wie kompliziert es sein kann und mit dem Vorsatz, den unnötigen Ballast zu entfernen und einen Sprachkurs zu entwickeln, der es spielend leicht ermöglicht, das notwendige Rüstzeug zu erhalten, was man für eine Reise, einen kurzen Urlaub oder die Ferien benötigt. Sie werden in diesem Buch also weder einen Vokabelkurs vorfinden, noch eine Grammatikschulung. Sie werden keine trockene Theorie erfahren, sondern wirklich das notwendige, das essentielle Wissen erhalten, das Sie später benötigen. Dabei kommt Ihnen zu gute, dass dieses Buch im elektronischen Format gehalten ist und Sie es dadurch überall mit hin nehmen können. Damit können Sie jederzeit wieder nachschlagen, wenn Sie etwas vergessen haben und es jederzeit in jedem zukünftigen Urlaub wieder verwenden.

Angelegt ist dieses „Sprachtraining", so möchte ich es einmal nennen, in genau sieben Lektionen, die jeweils ca. dreißig bis vierzig Minuten Ihrer Zeit benötigen werden. Wobei angedacht ist, dass Sie täglich eine Lektion durchgehen können und dann das erlernte in der darauf folgenden Lektion am Folgetag schon mit anwenden können. Dieses Training ist so konzipiert, dass es sich in erster Linie an Einsteiger richtet und praxisnah gehalten ist. Es ist leicht verständlich, nimmt sich selbst nicht immer todernst, sondern versteht es durchaus, auch mit einem hier und da zwinkernden Auge die notwendigen Sachen zu vermitteln. Denn eines ist am Wichtigsten: Es soll Spaß machen und kein Ballast sein!

Entstanden ist dieses Training, das Sie in diesem Buch finden, aus der Praxis und aus zahlreichen Erfahrungen, die andere schon vor

Ihnen machen mussten. Letztendlich wurden diese dann nach gemeinsamen Nennern untersucht, Anregungen aufgegriffen und praxisorientiert optimiert und in eine Form gegossen, die auf die meisten von Ihnen passen sollte.

Nehmen Sie dieses Buch als Grundlage, bevor Sie in den Urlaub fahren und wer weiß, vielleicht wird es die Grundlage, sich später intensiver mit der Sprache zu beschäftigen und darin nicht nur trockene Theorie, sondern durchaus etwas Lebhaftes und Nützliches wieder zu finden? Sprachen können Spaß machen und müssen Sie nicht zum Verzweifeln bringen. Wenn mir dieses gelingt in diesem Buch zu vermitteln und sie darüber hinaus noch wertvolle Informationen für sich und den kommenden Urlaub heraus ziehen können, dann ist mein Ziel erreicht. In diesem Sinne bleibt es mir jetzt nur noch, Ihnen viel Spaß und viel Erfolg zu wünschen!

»»Allgemeine Tipps««

Bevor es mit den eigentlichen Lektionen los geht und Sie in die eigentliche englische Sprache eintauchen, lassen Sie uns zuvor noch einige allgemeine Tipps ansehen, die dabei nützlich sein können, mit der Sprache vertraut zu werden und diese später erfolgreich je nach geplantem Zweck einsetzen zu können.

Um eine Sprache möglichst erfolgreich zu erlernen, muss man sich davon verabschieden, diese Sprache als ausschließlich 'trockene Theorie' anzusehen. Sie muss -wenn Sie es so nennen wollen- etwas 'lebendiges' werden, das gepflegt werden muss, um letztendlich den gewünschten Erfolg zu zeigen. Dieser Grundsatz, die Sprache als etwas 'lebendiges' zu sehen und zu verstehen mag sich leichter anhören, als er tatsächlich ist. Mit Deutsch haben Sie im Alltag ständig zu tun, leben in dieser deutschen Sprache und denken auch darin. Doch bei Englisch sieht dies schon grundlegend anders aus. Englisch ist für Sie als Anfänger vermutlich etwas, an das Sie sich noch nicht herangewagt oder das Sie als etwas 'abstraktes' angesehen haben und deshalb davor eine gewisse Scheu entwickelten. Selbst wenn man sich vornimmt, die Sprache als etwas 'lebendiges' anzusehen, kann sich das im Alltag schwer erweisen.

Aber, wie Sie jetzt sehen werden, das muss es nicht. Wenn sie sich daran erinnern, wann Sie das letzte Mal Radio gehört haben, werden Sie feststellen, dass das gar noch so lang her ist. Vielleicht bei der Fahrt zur Arbeit, vielleicht bei der Fahrt in den Supermarkt oder morgens beim Frühstück im Hintergrund. Wir hören Radio zur Abwechslung, zur Unterhaltung oder einfach nur zur Untermalung ruhiger Momente. Hier können Sie zum Beispiel schon einmal versuchen 'aktiv' zu werden. Wenn es Ihnen so geht wie mir und Sie sich in der Regel vom Radio nur berieseln lassen, dann versuchen Sie zur Abwechslung einmal *hinzuhören,* was dort gespielt wird. Auch wenn Sie kein Englisch können, werden Sie feststellen, dass ein großer Teil der heute gespielten Lieder im Radio in genau dieser Sprache sind. Versuchen Sie einmal, konzentriert hinzuhören, was dort gesungen wird. Versuchen Sie, auf die einzelnen Worte zu achten, auch wenn Sie diese noch nicht verstehen. Sie werden sehen, dass schon ein kurzes konzentriertes Hinhören dabei helfen kann, etwas mehr in dieser Sprache zu sehen, als nur die Grundlage für eine melodiöse Unterhaltung.

Wenn Sie dann noch mit offenen Augen durch den Alltag gehen und auf die englische Sprache achten, werden Sie feststellen, dass diese Sprache, die eigentlich für Sie noch fremd ist, dort bereits Einzug gehalten hat. Es werden '*light*' Produkte angeboten, im Fernsehen laufen '*Blockbuster*' oder '*Event- Movies*', Sie bestellen kein Hackfleischbuletten- Brötchen sondern einen '*Burger*', wenn Sie mögen auch mit '*Cheese*', also Käse – oh, Sie mögen mehr? Gut, dann noch '*Bacon*' oben drauf, knuspirg soll er sein, also '*crispy*'- und nicht zuletzt biegen Sie beim '*Car Wash*' ein, um Ihr Auto waschen zu lassen. Ob wir es wollen oder nicht, aber Englisch ist tatsächlich schon viel weiter in unseren Alltag vorgedrungen, als uns lieb sein mag. Gehen Sie Ihren eigenen Tag einmal durch. Wie viel Englisch werden Sie finden?

Morgens die '*Corn Flakes*' oder '*Honey Balls*' zum Frühstück, im Badezimmer die '*Extra White*' Zahnpasta und das '*Power Shampoo*' für Haare, dass aber bitte die '*Extensions*' erhalten soll. Später das '*T- Shirt*' übergeworfen und in die '*Jeans*' geschlüpft, bevor dann im Fernsehen die letzten '*News*' geschaut werden. Danach geht man raus und nimmt den Bus, die Bahn oder das Auto zur Arbeit oder in die Schule. Ein Ort, an dem viele Menschen einen '*MP3- Player*' benutzen, um sich die Zeit zu vertreiben... Sehen Sie, bereits bis zu diesem Punkt, haben Sie, wenn Sie es bewusst betrachten, bereits unzählige Male mit der Sprache zu tun gehabt, die Sie erlernen wollen. Es geht darum, sich das bewusst zu machen und dann erkennt man sehr schnell, dass man eigentlich über den Alltag bereits einen ganzen Grundstock an englischen Vokabeln kennt und weiß, was sie bedeuten....

<u>Kleiner Fakt am Rande:</u>

Übrigens ist das Mobiltelefon, dass Sie so gern '*Handy*' nennen eben genau das nicht im Englischen. Wenn Sie einen Engländer nach einem Handy fragen, wird dieser Sie nur verdutzt angucken. Denn das Mobiltelefon heißt im Englischen nicht '*Handy*' sondern schlicht und einfach '*Mobile*' (ausgesprochen: *Mobeil*).

In diesem Zusammenhang der Hinweis, dass die Aussprache der Worte nicht in der üblichen Lautschrift erfolgt, sondern tatsächlich so, wie es mit den üblichen Buchstaben möglich ist. Auch das auf Grund der Anregungen, die ich in der Praxis erhielt.

Sie sehen, Sie müssen keine Berührungsängste vor der englischen Sprache haben und Sie müssen sich davor nicht scheuen. Sie nutzen diese Sprache schon täglich, nur waren sich dessen bislang nicht bewusst.

Aber ich möchte ihnen jetzt nicht, im Gegensatz zu anderen Verkündern schneller Lernerfolge, sagen, dass es ausreicht, sich mit der Sprache im Alltag auseinanderzusetzen und der Rest würde schon von ganz alleine kommen. So ist es leider nicht. Meine Absicht war es nur, Ihnen die ersten Berührungsängste zu nehmen, bevor es jetzt im folgenden Kapitel auch schon losgeht mit der Praxis. Vergessen Sie nicht demnächst genauer hinzuhören, hinzusehen und nicht zuletzt etwas bewusster darauf zu achten, was an Englisch schon bei Ihnen angekommen ist und Sie werden sehr schnell merken, dass man diese Sprache nicht zu fürchten braucht.

Und bevor es endgültig losgeht, noch ein kleiner Punkt, der Ihnen vielleicht dabei hilft, letzte Berührungsängste loszuwerden, wenn sie daran denken, das, was Sie gleich erlernen werden später anzuwenden: Wenn Ihre Reise Sie nicht gerade nach England oder Irland führt, dann ist Englisch auch in Ihrem Zielland eine eigentliche Fremdsprache und wird nur Ihnen zu Liebe gesprochen. (Ihnen zu Liebe deshalb, da man Ihnen ja etwas anbieten, verkaufen oder indirekt Ihr Geld für eine Dienstleistung haben möchte). Also wird man über kleinere Fehler ebenso hinwegsehen (sofern man sie überhaupt bemerkt), wie Sie es tun würden, wenn Ihnen in Ihrem bevorzugten China Restaurant der Kellner der Rechnung bringt und in falschem Deutsch fragt „Noch eine Getränk bitte sehr?“.

»»Grundregeln/ Besonderheiten in der Aussprache ««

Wenn Sie jetzt vielleicht etwas optimistischer an die englische Sprache herangehen, als Sie es waren, bevor Sie dieses Buch begonnen haben zu lesen, lassen Sie mich jetzt diese Euphorie wieder kurz bremsen. Einige Eigenheiten und Grundregeln gibt es nämlich schon, bevor es an diesen sieben Tage Kurs geht, an dessen Ende Sie sich bei Ihrem Urlaub das nächste Mal soweit verständigen können sollten, dass es auf jeden Fall ausreichend ist, um das zu bekommen, was Sie benötigen und dorthin zu finden, wo Sie hin müssen.

Dabei geht es vor allem um die Aussprache. Sie werden feststellen, dass Sie sehr viele Wörter ohne Zweifel richtig aussprechen werden. Vor allem die Worte, die Sie aus dem Alltag bereits kennen. Nehmen Sie das Wort „T- Shirt“: Sie sagen nicht *„Tee – Schiehrt“*, wie es die Schreibweise normalerweise suggerieren würde, Sie sagen *„Tieh- Shörd“*, was der englischen Aussprache entspricht. Aber bei anderen Wörtern wird es so sein, dass man sie eben nicht ausspricht, wie man sie schreibt. Das vermutlich bezeichnendste Beispiel dafür ist das englische „TH“ am Anfang des Wortes, in der Mitte oder am Ende.

Sie kennen das „TH“ aus dem Deutschen vor allem von 'harten' Worten. Denken Sie an das Wort 'Thema', 'Theorie', 'Theodor' oder 'These' bzw. 'Mathematik', um auch ein Wort zu nennen, bei dem es in der Mitte steht. Das „TH“ weit auf die harte Aussprache des folgenden Wortes hin, wenn es am Wortanfang steht, oder auf die harte Betonung wenn es in der Mitte steht. Im Englischen ist das „TH“ der berühmte Zungenbrecher, den jeder schon einmal gehört hat. Es wird gelispelt ausgesprochen. Man spricht es quasi 'über Zunge' aus. Die Zungenspitze wird zu den lippen geführt und dann -wenn man von dem „t“ zu dem „h“ kommt- wieder nach hinten geschnippst, sodass eher ein trocken gelispeltes 's' zu hören ist. Aber genau dieses trocken gelispelte 's' ist die richtige Aussprache für das 'th' in der englischen Sprache.

Versuchen Sie, die folgenden Worte mit diesem „th“ auszusprechen:

the (der, die das – englischer Artikel, wobei das 'e' in der Aussprache unbetont bleibt, also fast wie 'hinterher geworfen' hinter das 'th') *theorie* (Theorie, ausgesprochen *th*iorie, wobei das *th* hier das trocken gelispelte 's' ist)

thunder (Donner, ausgesprochen *th*ander, denken Sie daran, das *th* ist das trocken gelispelte 's')

Matthew (englischer Name, ausgesprochen Me*th*juh)

Smith (englischer Name, ausgesprochen Smi*th*, oder einfach auf Deutsch *Schmidt*, sorry, kleiner Scherz)

Achtung!

Den englischen Artikel „the“, den Sie jetzt aussprechen gelernt haben, verwendet man wenn er **vor einem A, E, I, O, U** steht trotz gleicher Schreibweise mit einer anderen Betonung! Dann wird das passiv ausgesprochene 'e' in '*the*' zu einem 'i'.

<u>Beispiele:</u>

the Scotsman (der Schotte, ausgesprochen: *th*e *Skottsmen*)

the opera (die Oper, ausgesprochen: *th*i opera)

the car (das Auto, ausgesprochen: *th*e Kahr)

the airplane (das Flugzeug, ausgesprochen: *th*i Ährpleen)

***

Ok, (*oh, schon wieder eine englische Bezeichnung, die es auch in den deutschen Alltag geschafft hat*) nachdem wir jetzt eine der am häufigsten gebräuchlichen Besonderheit in der englischen Aussprache betrachtet haben, lassen Sie uns einen Blick auf die englischen Zahlen werfen, bevor wir dann in die Lektionen eintauchen.

Die Zahlen werden Sie vermutlich in jeder der in den einzelnen Lektionen geschilderten Gelegenheiten benötigen. Sei es, wenn Sie ein oder mehrere Tickets ordern müssen (und auch hier sehen wir mit '*ordern*' erneut ein englisches Wort, das alltäglich im deutschen Sprachraum verwendet wird), wenn Sie nach einer Zimmernummer gefragt werden oder bei Gelegenheiten, bei denen es generell um Häufigkeiten geht. Aus diesem Grund wollen wir die Zahlen vorab betrachten und uns einprägen lernen. Wobei gesagt werden muss, dass dies im Gegensatz zum Deutschen im Englischen deutlich leichter funktioniert, da die Struktur wesentlich einfacher ist. Aber dazu gleich.

Bei den Zahlen bis zur 20 kann gesagt werden, dass es die reinen Unterschiede tatsächlich nur in den sich unterscheidenden Worten für diese Zahlen gibt. Sie werden im Folgenden diese Zahlen kennen lernen und ich möchte Sie bitten, sich diese einzuprägen. Es ist eine kleine Lernaufgabe und ich verspreche, es ist schon eine der schwersten auf der Reise, die englische Sprache zu erlernen. Eine kleine Mühe, die aber wirklich schnell bewerkstelligt werden kann und dann auch für immer sitzen sollte. Wie gesagt, wir haben bei der in diesem Buch vorgestellten Methode nur sehr, sehr wenig zu lernen und aus meinem Gefühl heraus würde ich sagen, dass wir hier zu Beginn schon eine der schwersten Aufgaben haben. Lehnen Sie sich also zurück, lesen Sie die Zahlen und versuchen Sie diese zu lernen.

»»Die Zahlen««

1 (one, ausgesprochen: *won*)

2 (two, ausgesprochen: *tuh*)

3 (three, ausgesprochen: *thrieh* – Bitte beachten Sie hierbei wieder das trocken gelispelte *TH* am Wortbeginn)

4 (for, ausgesprochen: *vor*)

5 (five, ausgesprochen: *feif*)

6 (six, ausgesprochen: *six*)

7 (seven, ausgesprochen: *sewwen*, mit kurz und schnell gesprochenem 'e')

8 (eight, ausgesprochen: *eyd*)

9 (nine, ausgesprochen: *nein*)

10 (ten, ausgesprochen: *tenn*)

11 (eleven, ausgesprochen: *i-lewwen*)

12 (twelve, ausgesprochen: *twelf*)

13 (thirteen, ausgesprochen: *thörtiehn* – auch hier achten Sie bitte auf das trocken gelispelte 'th')

14 (forteen, ausgesprochen: *vortiehn*)

15 (fivteen, ausgesprochen: *fifftiehn*)

16 (sixteen, ausgesprochen: *sixtiehn*)

17 (seventeen, ausgesprochen: *sewwentiehn*)

18 (eighteen, ausgesprochen: *eydtiehn*)

19 (nineteen, ausgesprochen: *neintiehn*)

20 (twenty, ausgesprochen: *twentie*)

Fällt Ihnen bis hierher etwas auf? Sie kennen das Wort '*Teenager*' (Jugendlicher, ausgesprochen *Tiehn- ätscher*) aus dem täglichen Sprachgebrauch. Wie Sie sehen sind die Zahlen 13 – 19 mit der Endung '*teen*' im Englischen versehen. Wörtlich übersetzt kann man also Teenager als jene Bezeichnen, die im Alter 13 bis 19 sind, denn die Silbe '*ager*' in '*Teenager*' kommt von '*Age*' und das steht für 'Alter'.

Und, war es bis hierhin schwer? Schwerer als Sie es sich vorgestellt haben? Eher nicht, oder? Gehen Sie die Zahlen regelmäßig noch einmal durch, bis sie soweit 'sitzen'. Sie werden diese vermutlich häufiger gebrauchen als Sie es annehmen. Aber zugegeben, im Urlaub oder für einfache Zwecke kann man immer noch mit dem Zeigen der entsprechenden Anzahl von Fingern sein Ziel erreichen. Schwerer wird es aber dann schon bei den Zahlen, die man nicht mehr mit zwei Händen zeigen kann und denen wir uns jetzt widmen.

Wie ich schon sagte, kommt uns dabei die einfachere Struktur der englischen Sprache zu Hilfe, die es bei den Zahlen nicht unnötig verkompliziert. Wenn Sie die Zahlen von 1 bis 20 soweit beherrschen, dann wird Ihnen das Folgende sicher deutlich leichter fallen.

Bei den deutschen Zahlen von 21 bis 99 unterscheiden wir uns in der Aussprache und Darstellung vollkommen von der englischen Sprache. Nehmen wir als Beispiel die 22. Wir sagen dazu zweiundzwanzig. Wir ziehen also die Einer Zahl, in dem Fall die zwei vor die Zehner Zahl, in dem Fall die Zwanzig und verbinden diese mit einem „und“. Die Engländer sind da schon deutlich anders gestrickt. Die sprechen es in der Reihenfolge aus, wie es geschrieben steht, in dem Fall, um bei der 22 zu bleiben 'twenty- two', wörtlich also 'zwanzig- zwei'. Wenn wir die Zahlen Eins bis Neun beherrschen und die Zehnerzahlen dazu, dann können wir spielend bis Einhundert zählen. Denn die Zahlen 1 bis 9 werden nie verändert.

Hier nun die Zehnerzahlen:

20 (twenty, ausgesprochen: *Twenn- Tieh*)

30 (thirty, ausgesprochen: *Thör- Tieh* – bitte beachten Sie wieder das trocken gelispelte 'th')

40 (forty, ausgesprochen: *Vor- Tieh*)

50 (fifty, ausgesprochen: *Fiff- Tieh*)

60 (sixty, ausgesprochen: *Six- Tieh*)

70 (seventy, ausgesprochen: *Sewwen- Tieh*)

80 (eighty, ausgesprochen: *Eyd- Tieh*)

90 (ninety, ausgesprochen: *Nein- tieh*)

100 (onehundred, ausgesprochen: *won- handred*)

Möchten Sie jetzt eine Zahl sagen, wie zum Beispiel 44, dann kommt erst der Zehner und dann der Einer, also fortyfor (*Vortieh- Vor*). Gleiches bei 62 (sixtytwo, ausgesprochen: *Six-Tieh- Tuh*), 75 (seventyfive, ausgesprochen:

Sewwen- Tieh- Feif), 49 (fortynine, ausgesprochen: *Vor- Tieh- Nein*). Sie sehen, es ist relativ einfach und logisch strukturiert. Erst der Zehner, dann der Einer. Vollkommen unverändert und ohne Bindewort.

Auch wenn es bis zur 1000 herangeht, bleibt es einfach. Die 100 (one hundred, ausgesprochen: *won- handred*) kennen Sie bereits. Möchten Sie eine größere Zahl sagen, zum Beispiel 600, dann ist es wie im Deutschen. Die *Hundert* bleibt immer gleich und Sie setzen nur davor die entsprechende Zahl, also six hundred (ausgesprochen: *Six- Handred*). Nach der Hunderterstelle geht es dann wie gewohnt weiter, also wie bei den Zahlen 1 bis 99. Die Zahl 659 ist dann six hundred fifty nine (ausgesprochen: Six- Handred- Fifftieh- Nein).

Probieren Sie es selbst aus mit einer kleinen Übung:

724 | 146 | 212

Haben Sie es hinbekommen? Hier die Lösung zur Kontrolle:

724 – sevenhundredtwentyfor (ausgesprochen: *Sewwen- Handred- Twentieh- Vor*)

146 – onehundredfortysix (ausgesprochen: *Won- Handred- Vortieh- Six*)

212 – twohundredtwelve (ausgesprochen: *Tuh- Handred- Twelf*)

Da es sich hier um einen Kurs handelt, der in erster Linie darauf ausgelegt ist, die Grundkenntnisse zu vermitteln wird auf die Zahlen im Millionenbereich nicht extra eingegangen. Ich denke, dass Sie mit einem Rüstzeug bis zur 999 (ninehundredninetynine, ausgesprochen: *Nein- Handred- Neintieh- Nein*) vollkommen ausreichend ausgestattet sind und wir uns jetzt, nach dieser kleinen Vorarbeit dem eigentlichen Sieben- Tage- Programm widmen können.

Machen Sie an dieser Stelle noch einmal eine Pause. Gehen Sie noch einmal die Zahlen durch und wiederholen Sie diese. Es bringt nichts, wenn Sie jetzt überstürzt direkt ins nächste Kapitel springen. Dieser Kurs ist so angelegt, dass er jeden Tag eine Lektion umfassen sollte, deshalb auch die Kapitelüberschriften mit „Tag“ an Stelle von Lektion. Das berücksichtigt die individuelle Aufnahmefähigkeit und lässt ausreichend Zeit, das eben Gelernte zu wiederholen und damit einzuprägen. Nur so fällt es tatsächlich leicht, diese Sprache ohne großen Aufwand und ohne große Bemühungen zu erlernen und damit vertraut zu werden. Denn Hand aufs Herz: Sie möchten sich nicht zurück an die Schulbank versetzt fühlen, sondern einen Weg einschlagen, der etwas lockerer und entspannter ist, oder?!

»»Kleiner Tipp zum Lesen und besseren Verstehen der folgenden Lektionen««

Sie erhalten in den folgenden Lektionen, die so aufgebaut sind, dass Sie bequem jeden Tag eine davon lernen können, die gebräuchlichsten Redewendungen, Situationen und Möglichkeiten genannt. Bitte gehen sie diese konzentriert durch. Am Ende der Lektion erhalten Sie dann weitere, zusätzliche zum Thema passende Floskeln, Sätze und Wörter erklärt und beigebracht, bevor dann am Schluss eine komplette Übersicht aller neu erlernten Wörter, Sätze und Floskeln dargestellt wird, die Sie auch später jederzeit wieder nachschlagen können. Durch die eingebauten Wiederholungen und der praxisnahen Beispiele sind wesentlich leichter und schnellere Lernerfolge zu erzielen. Bitte überspringen Sie deshalb nichts und arbeiten Sie jede Lektion wirklich bis zum Ende durch.

»»Tag 1 - Begrüßung & Höflichkeitsfloskeln««

Willkommen bei Lektion 1 in unserem Sieben- Tages- Programm zum guten Urlaubsenglisch. Mit dieser kleinen Floskel zu Beginn sind wir dann auch schon direkt im Thema dieser Lektion, bei der es in erster Linie um die englischen Floskeln zur Begrüßung und der allgemeinen Höflichkeit geht. Wenn Sie später nach dem Weg fragen, sich in einem Geschäft etwas zeigen lassen möchten oder im Restaurant ein Glas Rotwein bestellen, dann wird diese Frage oder Bestellung von Ihnen mit Floskeln umgeben, die zum allgemeinen und höflichen Auftreten gehören. Denn es wäre illusorisch anzunehmen, einfach in ein Restaurant oder Geschäft zu gehen und ohne Begrüßung einfach drauf los zu reden. Denn wenn Sie die Situation in Deutschland annehmen, dann erwiedern Sie beim Betreten eines Geschäftes oder Restaurants ebenfalls die Begrüßung, sagen bevor Sie etwas bestellen oder fragen „Entschuldigen Sie bitte..." und nicht zuletzt bedanken Sie sich am Ende, wenn Ihre Wünsche erfüllt worden sind. Warum also sollte das im Englischen anders sein? Da die englische Sprache zudem -ohne jetzt beleidigend gegenüber der Sprache Shakespeares sein zu wollen- sehr „einfach gestrickt" ist, haben Sie, nachdem Sie diese

Lektion beendet haben, bereits ein gutes Drittel aller möglichen Konversationen auf Englisch erlernt. Denn dieses Drittel besteht aus den Höflichkeitsfloskeln, Begrüßungen und den typischen Allgemeinplätzen in den Dialogen, um die es genau jetzt gehen soll.

Begrüßung

Die Begrüßungsformen im Englischen unterscheiden sich nicht wesentlich von der deutschen Art, sich zu begrüßen. Unterschieden werden muss generell zwischen dem Förmlichen und dem Ungezwungenen. In einer Bar oder in einer Diskothek begrüßt man sich anders als in einem vier Sterne Restaurant. Die ungezwungenen, eher lockeren Begrüßungsformen sind dabei

Hi! - (Hi, ausgesprochen: *Hei!*)

Hello! - (Hallo, ausgesprochen: *Hello*)

Die eher förmlichen Begrüßungen sind:

Good morning! - (Guten Morgen, ausgesprochen: *gudd morning*)

Good afternoon! - (Guten Tag, ausgesprochen: *gudd afternun*)

Good evening! - (Guten Abend, ausgesprochen: *gudd iwening*)

Good night! - (Gute Nacht, ausgesprochen: *gudd neid*)

Mit diesen Begrüßungsformeln sind Sie also bestens präpariert für das Aufeinandertreffen. Wenn Sie mit einer solchen Formel begrüßt werden, dann ist die Erwiederung exakt die gleiche. Sagt also jemand „*Hi*!" zu Ihnen, dann ist es durchaus legitim, mit genau diesem „*Hi*!" zu antworten. Üblicherweise folgen dann die ersten Allgemeinplätze. Es wird gefragt wie es geht. Das wäre dann:

How are you? - (Wie geht es Dir? Ausgesprochen: *Hau ahr juh?*)

Die Antwort wäre dann zum Beispiel:

Fine. And you? (Gut. Und Dir?, ausgesprochen: *Fein. End juh?*)

Oder alternativ:

So so. And you? (Es geht so. Und dir?, ausgesprochen: *So so. end juh? - Wobei diese Floskel eher für Freund oder enge Bekannte üblich ist. Denn wie auch in Deutschland, wenn man gefragt wird, wie es einem geht, dann möchte der*

Fragesteller eher höflich sein und nicht wirklich über das aktuelle Befinden informiert werden.)

Es wird im Urlaub vermutlich weniger oder selten vorkommen, dass Sie jemanden explizit vorgestellt werden oder sich auf Grund einer telefonischen Verabredung mit einem bis dahin Fremden treffen. Sollte das der Fall sein, dann könnten Sie nach diesen Begrüßungsfloskeln aus eigentlicher Begrüßung und dem Erkundigen nach dem Befinden auch zum Ausdruck bringen, dass Sie sich freuen, diese Person zu sehen oder zu treffen, was dann wie folgt zu formulieren wäre:

Nice to see you! - (Schön Sie zu sehen!, ausgesprochen: *Neis tu sieh juh.*)

oder alternativ:

Nice to meet you! - (Schön Sie zu treffen!, ausgesprochen: *Neis tuh mieht juh.*)

Die Antwort darauf wäre dann jeweils die Wiederholung mit einem angehängten zusätzlichen Wort 'too' (ausgesprochen: *Tuh!*, was soviel bedeutet wie 'auch'.

Nice to see you too!- (Auch schön Dich zu sehen., ausgesprochen: *Neis tu sieh juh tuh.*)

oder

Nice to meet you too! - (Auch schön Dich zu treffen., ausgesprochen: *Neis tu mieht ju tuh.*)

Nicht zu unterdrücken an dieser Stelle die Worte „Bitte“ und „Danke“, die nahezu überall verwendet werden und eingeschoben werden können:

Please – (Bitte, ausgesprochen: *Plies*)

Thank you – (Danke, ausgesprochen: *Thenk juh* , bitte denken Sie an das trocken gelispelte 'th')

Für das 'Danke' kann man auch die gebräuchliche Formulierung

Thanks – (Danke, ausgesprochen: *Thengs,* natürlich auch hier mit dem trocken gelispelten 'th')

verwenden.

Damit sind Sie begrüßt und haben die üblichen Standardfloskeln ausgetauscht, bevor es dann zu einer speziellen Sache geht. Die verschiedenen Alternativen und Möglichkeiten dazu gibt es in die folgenden Lektionen.

Bevor man sich dann wieder voneinander verabschiedet, sind ebenfalls die Verabschiedungsfloskeln auszutauschen, wie sie es auch aus der deutschen Sprache gewohnt sind.

Bye! - (Tschüß!, ausgesprochen: *Beih!*)

Goodbye! - (Auf Wiedersehen!, ausgesprochen: *gudd beih*!)

Dann kann noch angefügt werden, wenn man sich später wieder treffen möchte:

See you later! - (Bis später dann!, ausgesprochen: *Sieh juh leeter*.)

***

Hand aufs Herz, waren diese Floskeln wirklich schwer oder haben Sie überfordert? Wenn ich Sie jetzt zur Übung einen Dialog lesen lasse, dann werden sie bemerken, dass Sie mit ein wenig Konzentration alles verstehen werden. Ich verwende dabei nur die Worte, die sie eben gelernt haben und die, die sie bereits aus Ihrem bisherigen Alltag kennen. Sie werden sehen, Sie verstehen Alles.

Nehmen wir an, Stefan und Sabine treffen sich:

Sabine: *Hi Stefan!*

Stefan: Hello Sabine!

Sabine: *Nice to see you!*

Stefan: Nice to see you too, Sabine!

Sabine: *How are you Stefan?*

Stefan: Fine, thanks. And you Sabine?

Sabine: *Fine too.*

Stefan: Nice T- Shirt Sabine.

Sabine: *Thank you.*

Stefan: Ok, See you later. Bye

Sabine: *See you later, Good bye.*

***

Ich weiß, ich weiß. Solche Dialoge, in denen es nur um das schöne T- Shirt geht und man sich danach wieder verabschiedet gibt es in der Praxis vermutlich nicht. Aber wie ich schon sagte, es geht in erster Linie auch zu Beginn darum, die üblichen Floskeln kennen zu lernen, die unweigerlich zu einem Gespräch gehören. Zusätzliche kapitelbezogene Floskeln und Redewendungen finden Sie zudem am Ende jedes Kapitels. Redewendungen, die Sie wie Puzzlestücke in Gesprächen verwenden können. Es sind nicht zu viel, nur die wirklich gebräuchlichsten und gängigsten. Es geht nicht darum, die Sprache perfekt zu beherrschen, halten Sie sich das bitte immer wieder vor Augen. Aber es soll darum gehen, diese gebräuchlich anwenden zu können. Lesen Sie diese deshalb bitte durch und versuchen Sie, es sind nicht viele, diese mit zu erlernen. Was ich mit diesem kurzen Dialog auch bezwecken wollte war es, Ihnen zu zeigen, dass es tatsächlich kein Hexenwerk ist, sich schrittweise in eine Sprache einzufinden und diese zu erlernen. Ich bin mir sicher, Sie konnten den Beispieldialog verstehen und auch aussprechen, ist es nicht so?

***

Zusätzliche Redewendungen

Excuse me – (Entschuldigen Sie, ausgesprochen: *Exkjus mi.*)

Sorry – (Tschuldigung; ausgesprochen: *Sorrie;* wird verwendet zum Beispiel bei unbeabsichtigtem Anrempeln)

What time is it? - (Wie spät ist es?, ausgesprochen: *Wat teim is it*?)

A pleasure - (eine Freude, ausgesprochen: *ä pläscher;* wird als Erwiederung verwendet, wenn sich zum Beispiel jemand ausdrücklich für etwas bedankt hat)

It's ok – (Es sit schon gut., ausgesprochen: *its ok*)

Don't worry – (Nicht aufregen, ausgesprochen: *dond wörrie*)

Everything – (alles, ausgesprochen: *efrithing* – bitte beachten Sie wieder das trocken gelispelte 'th')

Really? - (Wirklich?; ausgesprochen: *Riehlie*?)

***

Damit sind wir am Ende dieser Tageslektion. Bitte gehen Sie diese Redewendungen und deren geschilderte Anwendung noch einmal durch und versuchen Sie zum Abschluss, selbst einen kleinen Dialog zu entwickeln, bei dem sie auch die zusätzlichen Floskeln einfließen lassen.

Wenn dieser zusätzliche Dialog noch nicht gelingt, lesen Sie den folgenden kurzen Dialog und versuchen Sie, diesen zu verstehen. Es steht nichts darin, was sie nicht bis hier hin gelernt haben.

Sabine: *Hi Stefan!*

Stefan: Hello Sabine!

Sabine: *Nice to see you!*

Stefan: Nice to see you too, Sabine!

Sabine: *How are you Stefan?*

Stefan: Fine, thanks. And you Sabine?

Sabine: *Fine too.*

Stefan: Excuse me, Sabine. What time is it?

Sabine: *Twelve twenty- two.*

Stefan: Really?

Sabine: Yes, Stefan*!*

Stefan: Thanks!

Sabine: A pleasure*!*

Sätze und Redewendungen aus diesem Kapitel in der chronologischen Übersicht:

Hi! - (Hi, ausgesprochen: *Hei!*)

Hello! - (Hallo, ausgesprochen: *Hello*)

Good morning! - (Guten Morgen, ausgesprochen: *gudd morning*)

Good afternoon! - (Guten Tag, ausgesprochen: *gudd afternun*)

Good evening! - (Guten Abend, ausgesprochen: *gudd iwening*)

Good night! - (Gute Nacht, ausgesprochen: *gudd neid*)

How are you? - (Wie geht es Dir? Ausgesprochen: *Hau ahr juh?*)

Fine. And you? (Gut. Und Dir?, ausgesprochen: *Fein. End juh?*)

So so. And you? (Es geht so. Und dir?, ausgesprochen: *So so. end juh? - Wobei diese Floskel eher für Freund oder enge Bekannte üblich ist. Denn wie auch in Deutschland, wenn man gefragt wird, wie es einem geht, dann möchte der Fragesteller eher höflich sein und nicht wirklich über das aktuelle Befinden informiert werden.*)

Nice to see you! - (Schön Sie zu sehen!, ausgesprochen: *Neis tu sieh juh.*)

Nice to meet you! - (Schön Sie zu treffen!, ausgesprochen: *Neis tuh mieht juh.*)

Nice to see you too!- (Auch schön Dich zu sehen., ausgesprochen: *Neis tu sieh juh tuh.*)

Nice to meet you too! - (Auch schön Dich zu treffen., ausgesprochen: *Neis tu mieht ju tuh.*)

Please – (Bitte, ausgesprochen: *Plies*)

Thank you – (Danke, ausgesprochen: *Thenk juh* , bitte denken Sie an das trocken gelispelte 'th')

Thanks – (Danke, ausgesprochen: *Thengs,* natürlich auch hier mit dem trocken gelispelten 'th')

Bye! - (Tschüß!, ausgesprochen: *Beih!*)

Goodbye! - (Auf Wiedersehen!, ausgesprochen: *gudd beih!*)

See you later! - (Bis später dann!, ausgesprochen: *Sieh juh leeter.*)

»»Tag 2 – Beim Eintreffen im Urlaubsland««

Da es nicht ausreichen wird, sich im Urlaub mit Höflichkeitsfloskeln und Begrüßungen durchzumogeln, werden wir ab diesem Kapitel spezielle Situationen näher betrachten und gehen dabei chronologisch vor. Sie werden bereits im ersten Kapitel bemerkt haben, dass es in erster Linie darum gehen soll, die gebräuchlichsten Redewendungen und deren Verwendung zu betrachten und dabei so praxisnah wie möglich zu bleiben. Es geht letztendlich darum, dass Sie die Sprache anwenden und sich verständigen können.

In diesem Kapitel oder dieser Lektion widmen wir uns um die **Anreise** und alles, was damit zusammenhängt.

»»Allgemeines vorab

Bevor es zu den dafür notwendigen Sätzen und Satzgruppen geht, Etwas, dass nahezu zu jedem Beginn eines Gespräches eingesetzt wird. Es sind die einleitenden Floskeln, die fast immer identisch sind. Sie haben im vergangenen Kapitel kennen gelernt, wie die einleitenden

Floskeln in privaten Konversationen aussehen. Die Höflichkeiten, die man austauscht, bevor man zum eigentlichen Kern kommt. Ähnlich sieht es auch aus, wenn Sie einen vollkommen Fremden nach den Weg fragen, nach dem Preis für eine Taxifahrt oder nach der Abfahrtszeit eines Zuges. Sie fragen dann natürlich nicht wie es ihm geht, sondern beginnen Ihre Anfrage mit einer höflichen Floskel. Vollkommen gleichgültig, was Sie fragen werden, diese Floskeln sind im Englischen standardmäßig gleich.

Wenn Sie nach etwas Fragen wollen, also **eine Auskunft** begehren, zum Beispiel wie spät es ist, wie Sie an einen bestimmten Ort kommen oder sich nach dem Preis einer Sache erkundigen wollen, dann beginnen Sie Ihre Frage mit:

Excuse me, could you tell me please ….. (Verzeihen Sie, könnten Sie mir bitte sagen….; ausgesprochen: *Exkjus mi, kutt ju tell mi plies….*)

An diese Einleitung fügen Sie dann die eigentliche Frage an. Es ist eine Höflichkeitsfloskel, die zugegebenermaßen nicht einmal Engländer gern benutzen, aber auch eine Floskel, die deutlich macht, dass Sie etwas begehren und dabei den Anderen respektieren.

Begehren Sie keine Auskunft, sondern **möchten konkret etwas haben**, wie zum Beispiel eine Speisekarte, ein Bahnticket, eine Kinokarte oder ein Souvenir, dass im Regal hinter der Verkäuferin steht, dann beginnen Sie die Frage danach mit:

Excuse me, could I have.......please? (Verzeihen Sie, könnte ich bitte…... bekommen; ausgesprochen: *Exkjus mi, kutt ei häf......plies?*)

Im Verlaufe der folgenden Kapitel werden Ihnen diese beiden einleitenden Phrasen sehr häufig begegnen, bitte versuchen Sie deshalb, sich diese jetzt schon gut einzuprägen.

»»Unmittelbar nach der Ankunft

Noch bevor Sie die Gelegenheit haben, sich nach etwas zu erkundigen oder nach der Ankunft in ein Taxi oder den wartenden Bus zu steigen, erleben Sie in einigen Staaten eine Passkontrolle und werden teilweise nach dem Grund Ihres Aufenthaltes gefragt. Das ist in Amerika Standard, aber auch gelegentlich in anderen Ländern zu beobachten. Sie werden, wenn Sie aus einem Flugzeug steigen, sehen, dass an entsprechenden Flughäfen kleine Kontrollen aufgebaut sind, vor denen sich die ankommenden Passagiere aufreihen. „Passportcontrol" oder PASSPORT CONTROL" ist auf den entsprechenden Schildchen zu lesen, bei denen dann ein Zollbeamter Ihren Ausweis oder Reisepass überprüfen wird. Normalerweise läuft dies problemlos ab. Sie sehen, wie Ihr Vordermann agiert und tun es ihm gleich. Reisepass vorzeigen, das Kopfnicken abwarten und weiter gehen zur Gepäckausgabe „**Baggage claim**" (ausgesprochen: *Bäggätsch klehm*).

Aber es kommt eben auch vor, dass Ihnen der Beamte vom Zoll folgende Frage stellt:

What is the reason for your entry? (Was ist der Grund für Ihre Einreise?, ausgesprochen: *Wuat is the riesen for jur entrie?*)

Darauf antworten Sie, dass Sie Urlaub machen wollen:

I come for holiday. (Ich komme zum Urlaub her; ausgesprochen: *Ei kamm vor hollideh.*)

Dann könnten Sie gefragt werden:

How long you will stay? (Wie lange werden Sie bleiben?; ausgesprochen: *Hau long ju will steh?* Bitte sprechen Sie dabei das '*st*' in 'steh' als 's' und 't' aus, also nicht wie in 'Stuhl' oder 'Stapel', sondern wie in 'Mist')

Hierauf geben Sie die Zeit an, die Sie beabsichtigen, in dem Land zu bleiben:

I will stay .... weeks (days). (Ich werde ...Wochen (Tage) bleiben.; ausgesprochen: *Ei will steh ... wieks (dähs)*)

Nach diesem kurzen möglichen Interview wird der Zollbeamten Ihnen in der Regel Ihren Pass zurück geben und Sie können weiter zur Gepäckausgabe. Manchmal werden Sie gefragt, ob Sie alleine Reisen, was sich dann so anhört:

You travel alone? (Sie reisen allein?; ausgesprochen: *Juh trewwel alohn?*)

Reisen sie tatsächlich allein, reicht als Antwort ein kurzes „**Yes**" (Ja; ausgesprochen: *Jess.*) Werden Sie von Ihrer Familie begleitet, werden sie wie folgt antworten:

No, I travel with my family. (Nein, ich reise mit meiner Familie; ausgesprochen: *No, Ei trewwel with* (denken Sie an das trocken gelispelte 'th') *mei Femmilieh*). Zeigen Sie in dem Fall mit der Hand auf ihre Familie.

Aber wie gesagt, diese kurzen Fragen kommen nur gelegentlich vor, jedoch sollten Sie wissen, dass es vorkommen kann. Da es sich zudem nur um einige Bausteine handelt, die Sie dafür benötigen, empfiehlt es sich, diese mit zu lernen.

»»Nach der Ankunft

Wenn Sie jetzt Ihr Gepäck haben, stehen Sie vor der Situation, dass Sie entweder ein Bus oder ein Taxi nehmen müssen, um zum Hotel oder Ihrer geplanten Unterkunft zu kommen. Lassen Sie uns jetzt einen Blick auf die Alternativen dafür werfen.

»»*Mietwagen*

Wenn Sie einen Mietwagen nehmen, werden Sie die großen Schilder und Transparente der einzelnen Autovermieter schnell in der Ankunftshalle erkennen oder an den Wegweiserbeschriftungen für „**Rent- A- Car**" oder „**Car Rental**".

Sollten Sie bereits online gebucht haben, halten Sie den Ausdruck der Buchungsbestätigung bereit. Am Schalter werden Sie in diesem Fall mit einer der folgenden Redewendungen danach gefragt:

You have booked online? (Sie haben online gebucht?; ausgesprochen: *Juh häf buggd online?*)

You have already booked? (Sie haben bereits gebucht?; ausgesprochen: *Juh häf ohlreddie buggd?*)

You have a booking confirmation? (Sie haben eine Buchungsbestätigung? Ausgesprochen: *Juh häf äh bugging konförmäschen?*)

Darauf antworten Sie dann:

Yes, I have. (Ja, habe ich. ; ausgesprochen: *Jess ei häf.*)

und halten die Buchungsbestätigung hin. Anschließend werden Sie nach Ihrem Ausweis und Führerschein gefragt, in der Regel auch nach der Kreditkarte, was sich dann so anhört:

Could I have your driving licence (passport, ID- card, credit card) please? (Könnte ich bitte Ihren Führerschein (Reisepass, Ausweis, Kreditkarte) bekommen?; ausgesprochen: *Kutt ei häf juhr dreiwing leisens (passport, Ei-Di - kart, Kredit Kart) plies?*) Die ID- CARD ist das Gegenstück zum deutschen Personalausweis.

Anschließend werden in der Regel die entsprechenden Kopien der Dinge gemacht und Sie erhalten den Schlüssel. Denn die notwendigen Daten haben sie bereits bei der Bestellung über das Internet eingegeben. Wenn Sie die Schlüssel erhalten, verabschieden Sie sich mit einem freundlichen **„Thank You.“** (Dankeschön, ausgesprochen: *thenk juh,* wobei Sie bitte wieder das trocken gelispelte 'th' beachten.).

»»Wichtig!

Es muss nicht in jedem Fall so sein, dass die Fragen in exakt dem Wortlaut erfolgen. Aber Sie werden die **Schlüsselworte** in der Regel heraushören und dann wissen, was gefordert ist.

»»Bus

Führt Sie nach der Ankunft der weitere Weg zum Hotel mit dem Bus, dann halten Sie in der Ankunftshalle nach der Wegweiserbeschilderung für „BUS STATION“ Ausschau. Wenn Sie diese nicht finden, erkunden Sie sich bitte wie folgt bei einem Offiziellen mit folgender Frage nach dem Weg, wobei uns hier die bereits Eingangs erwähnte Floskel zum höflichen Auskunftssuchenden macht:

Excuse me, could you tell me please where I can find the Bus Station? (Entschuldigen Sie bitte, könnten Sie mir sagen, wo ich die Bus-Station finde?; ausgesprochen: *Exkjus mi, kutt ju tell mi plies wer ei kenn feind the bass stäschion?* - Bitte denken Sie an das 'th' in 'the' und daran, dass man 'ST' im Englischen nicht wie in 'Stuhl' sondern wie in 'Mist' ausspricht.)

Wenn Sie diese Auskunft erhalten haben, bedanken sie sich mit dem bereits erlernten „Thank you“.

Am Busbahnhof angekommen stehen Sie bei vielen Flughäfen vor dem Problem, dass dort mehr als ein Bus abfährt oder bereit steht. Wenn Sie online Ihr Ticket bestellt und ausgedruckt haben und dann am Bus ein entsprechendes Schild zu erkennen ist, das Ihrem Ziel entspricht, perfekt! Aber leider ist das nicht immer so und wir müssen das Ticket erst beim Busfahrer oder beim Ticketschalter kaufen und den entsprechenden Bussteig finden.

Im Englischen sagt man, diese Besonderheit vorweg, zu Bussteigen oder Bahnsteigen generell „**platform**" (ausgesprochen: *plättform*).

Möchten Sie ein Ticket kaufen, fragen Sie bitte Folgendes und ersetzen das „..." durch den Ort, an den Sie gern gelangen möchten:

Excuse me, could I have a ticket to ... please? (ausgesprochen: *Exkjus mi, kutt ei häf a ticket tu ... plies?*)

Anschließend erhalten Sie die Frage, ob Sie eine einfache Fahrt oder eine Hin- und Rückfahrt möchten:

Single or return? (Nur Hinfahrt oder hin- und zurück?; ausgesprochen: *Singel ohr rietörn*?)

Darauf wiederholen Sie das, was sie wünschen, also nur Hinfahrt (Single) oder ein Hin- und Rückfahrt Ticket (return) und hängen an das Ende das obligatorische „please". Zum Beispiel:

Single, please. (ausgesprochen: **Singel plies**.)

Sofern Sie das Ticket am Schalter kaufen, fragen Sie direkt nachdem Sie es erhalten haben nach dem Bussteig:

Could you tell me please the platform from where the bus departs? (Könnten Sie mir bitte sagen, von welchem Bussteig der Bus abfährt?; ausgesprochen: *Kutt juh tell mi plies the plättform from wer the bas dieparts?*)

Anschließend wird man antworten:

Platform ..., wobei das „..." für die entsprechende Zahl steht.

Sie bedanken sich höflich mit „**Thank you very much**." (Vielen Dank, ausgesprochen: *Thenk juh werrie matsch.*) und können jetzt zum Bus gehen.

Sehen Sie keinen Schalter und erkennen einen Bus, von dem Sie denken, er bringt Sie an den Zielort, fragen Sie kurz beim Fahrer, ob es der richtige Bus ist (wobei das „..." auch hier wieder für den gewünschten Zielort steht):

Excuse me, could you tell me please, is this the bus to ...? (Verzeihen Sie, könnten Sie mir bitte sagen, ob das der Bus nach ... ist?; ausgesprochen: *Exkjus mi, kutt juh tell mi plies, is this the bas tu ...?*)

Wenn es der richtige Bus ist, kommt auch hier die Frage nach dem Ticket, die wir bereits kennen gelernt haben:

Excuse me, could I have a ticket to ... please? (ausgesprochen: *Exkjus mi, kutt ei häf a ticket tu ... plies?*)

Anschließend erhalten Sie die Frage, ob Sie eine einfache Fahrt oder eine Hin- und Rückfahrt möchten:

Single or return? (Nur Hinfahrt oder hin- und zurück?; ausgesprochen: *Singel ohr rietörn*?)

Darauf wiederholen Sie das, was sie wünschen, also nur Hinfahrt (Single) oder ein Hin- und Rückfahrt Ticket (return) und hängen an das Ende das obligatorische „please“. Zum Beispiel:

Single, please. (ausgesprochen: **Singel plies**.)

»» Taxi

Eine andere, häufig gebrauchte, Alternative, um zum gewünschten Zielort vom Flughafen oder Bahnhof aus zu kommen, ist der Gebrauch eines Taxis.

Hier gilt die Aufmerksamkeit in der Regel Zuallererst dem Preis. Diesen Preis erfragen Sie wie folgt, wobei auch hier das „..." für den Ort oder das Hotel steht steht:

Excuse me please, could you tell me the price from here to … ? (Entschuldigen Sie bitte, könnten Sie mir den Preis nennen von hier nach …?; ausgesprochen: *Exkjus mi plies, kutt juh tell mi the preis from hier tu …?*)

Manchmal werden Sie zuerst nach der Anzahl der reisewilligen Personen gefragt:

How many people? (Wie viele Leute?; ausgesprochen: *Hau menni piepel*?)

Wenn dann der Preis stimmt und Sie mitfahren wollen, können Sie das mit einem zustimmenden „Ok" bestätigen und das Taxi nehmen.

<u>Kleiner Tipp:</u>

Gerade bei langen Schlangen von wartenden Taxis lohnt es sich, auch andere Fahrer zu fragen, bevor Sie sich entscheiden.

»»Zug

Eine weitere Alternative nach Mietwagen, Bus und Taxi ist die Weiterfahrt mit dem Zug („Train Station"). Das Wort für Bahnsteig („platform") kennen Sie bereits. Auch das Ticket kaufen am Schalter geht ähnlich von statten. Aber trotzdem, der guten Ordnung halber, auch hier die Übersicht der möglichen Situationen. Auch wenn es sich wiederholen mag, gehen Sie es trotzdem durch. Nur so werden Sie vertraut mit der Sprache!

Finden Sie sich in der Beschilderung auf der Suche nach dem Bahnhof nicht zurecht, fragen Sie auch hier wie folgt nach dem Weg:

Excuse me, could you tell me please where I can find the Train Station? (Entschuldigen Sie bitte, könnten Sie mir sagen, wo ich den Bahnhof finde?; ausgesprochen: *Exkjus mi, kutt ju tell mi plies wer ei kenn feind the trähn stäschion?* - Bitte denken Sie an das 'th' in 'the' und daran, dass man 'ST' im Englischen nicht wie in 'Stuhl' sondern wie in 'Mist' ausspricht.)

Wenn Sie diese Auskunft erhalten haben, bedanken Sie sich mit dem bereits erlernten „Thank you“.

Möchten Sie ein Ticket kaufen, fragen Sie bitte am Schalter Folgendes und ersetzen das „…“ durch den Ort, an den Sie gern gelangen möchten:

Excuse me, could I have a ticket to … please? (ausgesprochen: *Exkjus mi, kutt ei häf a ticket tu … plies?*)

Anschließend erhalten Sie die Frage, ob Sie eine einfache Fahrt oder eine Hin- und Rückfahrt möchten:

Single or return? (Nur Hinfahrt oder hin- und zurück?; ausgesprochen: *Singel ohr rietörn*?)

Darauf wiederholen Sie das, was Sie wünschen, also nur Hinfahrt (Single) oder ein Hin- und Rückfahrt Ticket (return) und hängen an das Ende das obligatorische „please“. Zum Beispiel:

Single, please. (ausgesprochen: **Singel plies**.)

Sofern Sie das Ticket am Schalter kaufen, fragen Sie direkt nachdem Sie es erhalten haben nach dem Bussteig:

Could you tell me please the platform from where the train departs? (Könnten Sie mir bitte sagen, von welchem Bahnsteig der Zug abfährt?; ausgesprochen: *Kutt juh tell mi plies the plättform from wer the trän dieparts?*)

Anschließend wird man antworten:

Platform …, wobei das „…" für die entsprechende Zahl steht.

Sie bedanken sich höflich mit „**Thank you very much**." und können jetzt zum Zug gehen.

Kleiner Tipp:

Anders als in Deutschland, so zum Beispiel in England, benötigt man das Zugticket nicht nur zum Einsteigen, sondern auch, um aus dem Zielbahnhof wieder heraus zu kommen. Heben Sie es also gut auf, Sie könnten nach dem Verlassen des Zuges auch noch einmal danach gefragt werden!

»»Zusätzliche Redewendungen

I would like to go to ... (Ich würde gern nach ... gelangen; ausgesprochen: *Ei wudd leik tu go tu ...* . Kann verwendet werden zum Beispiel wenn man in das Taxi steigt.)

Is this the train (bus) to .... (Ist das der Zug (Bus) nach....; ausgesprochen: *Iss this the trähn (bas) tu...*)

Is a discount possible? (Ist ein Rabatt möglich?; ausgesprochen: *Iss ä diskaunt possibel?*)

How long it takes? (Wie lange dauert es?; ausgesprochen: *Hau long it teks?*)

When we will arrive? (Wann werden wir ankommen? ; ausgesprochen: *Wenn wie will areif?*)

»»Sätze und Redewendungen aus diesem Kapitel in der chronologischen Übersicht:

Excuse me, could you tell me please ….. (Verzeihen Sie, könnten Sie mir bitte sagen....; ausgesprochen: *Exkjus mi, kutt ju tell mi plies....*)

Excuse me, could I have.......please? (Verzeihen Sie, könnte ich bitte…... bekommen; ausgesprochen: *Exkjus mi, kutt ei häf......plies?*)

Baggage claim (Gepäckausgabe, ausgesprochen: *Bäggätsch klehm*).

What is the reason for your entry? (Was ist der Grund für Ihre Einreise?, ausgesprochen: *Wuat is the riesen for jur entrie?*)

I come for holiday. (Ich komme zum Urlaub her; ausgesprochen: *Ei kamm vor hollideh.*)

How long you will stay? (Wie lange werden Sie bleiben?; ausgesprochen: *Hau long ju will steh?* Bitte sprechen Sie dabei das '*st*' in 'steh' als 's' und 't' aus, also nicht wie in 'Stuhl' oder 'Stapel', sondern wie in 'Mist')

I will stay .... weeks (days). (Ich werde ...Wochen (Tage) bleiben.; ausgesprochen: *Ei will steh ... wieks (dähs)*)

You travel alone? (Sie reisen allein?; ausgesprochen: *Juh trewwel alohn?*)

Yes (Ja; ausgesprochen: *Jess.*)

No, I travel with my family. (Nein, ich reise mit meiner Familie; ausgesprochen: *No, Ei trewwel with* (denken Sie an das trocken gelispelte 'th') *mei Femmilieh*).

You have booked online? (Sie haben online gebucht?; ausgesprochen: *Juh häf buggd online?*)

You have already booked? (Sie haben bereits gebucht?; ausgesprochen: *Juh häf ohlreddie buggd?*)

You have a booking confirmation? (Sie haben eine Buchungsbestätigung? Ausgesprochen: *Juh häf äh bugging konförmäschen?*)

Yes, I have. (Ja, habe ich. ; ausgesprochen: *Jess ei häf.*)

Could I have your driving licence (passport, ID- card, credit card) please? (Könnte ich bitte Ihren Führerschein (Reisepass, Ausweis, Kreditkarte) bekommen?; ausgesprochen: *Kutt ei häf juhr dreiwing leisens (passport, Ei-Di - kart,*

Kredit Kart) plies?) Die ID- CARD ist das Gegenstück zum deutschen Personalausweis.

Thank You. (Dankeschön, ausgesprochen: *thenk juh,* wobei Sie bitte wieder das trocken gelispelte 'th' beachten.).

Excuse me, could you tell me please where I can find the Bus Station? (Entschuldigen Sie bitte, könnten Sie mir sagen, wo ich die Bus-Station finde?; ausgesprochen: *Exkjus mi, kutt ju tell mi plies wer ei kenn feind the bass stäschion?* - Bitte denken Sie an das 'th' in 'the' und daran, dass man 'ST' im Englischen nicht wie in 'Stuhl' sondern wie in 'Mist' ausspricht.)

platform (ausgesprochen: *plättform*).

Excuse me, could I have a ticket to … please? (ausgesprochen: *Exkjus mi, kutt ei häf a ticket tu … plies?*)

Single or return? (Nur Hinfahrt oder hin- und zurück?; ausgesprochen: *Singel ohr rietörn*?)

Single, please. (ausgesprochen: **Singel plies**.)

Could you tell me please the platform from where the bus departs? (Könnten Sie mir bitte sagen, von welchem Bussteig der Bus abfährt?; ausgesprochen: *Kutt juh tell mi plies the plättform from wer the bas dieparts?*)

Thank you very much. (Vielen Dank, ausgesprochen: *Thenk juh werrie matsch.*)

Excuse me, could you tell me please, is this the bus to …? (Verzeihen Sie, könnten Sie mir bitte sagen, ob das der Bus nach … ist?; ausgesprochen: *Exkjus mi, kutt juh tell mi plies, is this the bas tu …?*)

Excuse me please, could you tell me the price from here to … ? (Entschuldigen Sie bitte, könnten Sie mir den Preis nennen von hier nach

…?; ausgesprochen: *Exkjus mi plies, kutt juh tell mi the preis from hier tu …?*)

How many people? (Wie viele Leute?; ausgesprochen: *Hau menni piepel*?)

Excuse me, could you tell me please where I can find the Train Station? (Entschuldigen Sie bitte, könnten Sie mir sagen, wo ich den Bahnhof finde?; ausgesprochen: *Exkjus mi, kutt ju tell mi plies wer ei kenn feind the trähn stäschion?* - Bitte denken Sie an das 'th' in 'the' und daran, dass man 'ST' im Englischen nicht wie in 'Stuhl' sondern wie in 'Mist' ausspricht.)

I would like to go to … (Ich würde gern nach … gelangen; ausgesprochen: *Ei wudd leik tu go tu …* . Kann verwendet werden zum Beispiel wenn man in das Taxi steigt.)

Is this the train (bus) to …. (Ist das der Zug (Bus) nach….; ausgesprochen: *Iss this the trähn (bas) tu...*)

Is a discount possible? (Ist ein Rabatt möglich?; ausgesprochen: *Iss ä diskaunt possibel?*)

How long it takes? (Wie lange dauert es?; ausgesprochen: *Hau long it teks?*)

When we will arrive? (Wann werden wir ankommen? ; ausgesprochen: *Wenn wie will areif?*)

»»Tag 3 – Ankunft am Zielort««

Damit sollten Sie jetzt an Ihrem Zielort angelangt sein und das Taxi, den Bus oder den Zug verlassen. Chronologisch weiter geht es bei Ihrem Aufenthalt mit der Ankunft im Hotel oder der Pension, die wir in dieser Lektion behandeln wollen.

In der Regel haben Sie Ihr Hotelzimmer oder Ihre Unterkunft bereits im Vorfeld gebucht. Nur sehr selten wird verreist, ohne dass man zuvor weiß, wo man am Zielort schlafen wird. Wenn Sie dennoch diese Art des Reisens antreten, lassen Sie uns kurz betrachten, wie Sie sich in einem Hotel oder einer Pension auf Englisch nach einem freien Zimmer erkundigen.

Die korrekte Form, um nach einem Zimmer zu fragen ist (wobei das „…" für die Anzahl der Personen steht, die in dem Zimmer schlafen wollen):

Excuse me, I would like a room for … (Entschuldigen Sie bitte, ich hätte gern ein Zimmer für …; ausgesprochen: *Exkjus mi, ei wud leik a ruhm vor ….*)

Sollten Sie bereits im Vorfeld gebucht haben, so teilen Sie dies wie folgt an der Rezeption mit, wenn Sie Ihren Schlüssel möchten:

Excuse me, i have booked a room here. (Entschuldigen Sie bitte, ich habe hier ein Zimmer gebucht. Ausgesprochen: *Exkjus mi, ei häf buggd ä ruhm hier*)

Ergänzend dazu teilen überreichen Sie die Buchungsbestätigung oder teilen Ihren Namen mit:

My name is ..... (Mein Name ist; ausgesprochen: *Mei nehm is...*)

Unter Umständen wird man sie auch hier nach Ihrem Reisepass (**passport**), Ihrem Personalausweis (**ID- card**) und Ihrer Kreditkarte fragen (**credit card**). Die entsprechenden Fragen danach haben Sie bereits im vorangegangenen Kapitel gelernt.

In jedem Fall aber wird man Sie direkt nach Ihrem Namen Fragen:

What is your name, please? (Wie ist Ihr Name bitte?; ausgesprochen: *Wotts juhr nehm plies?*)

Bei der Gelegenheit im Hotel könnten Sie zum Beispiel auch entsprechende Sonderwünsche wie folgt äußern:

Is there a room with sea- view available? (Ist ein Zimmer mit Meerblick verfügbar?; ausgesprochen: *Iss theer ä ruhm with sieh vju awählabel?*)

Can I have a room on the top- floor please? (Kann ich ein Zimmer im obersten Stock bekommen bitte?; ausgesprochen: *Kenn ei häf ä ruhm on the topp flohr plies?*)

Is it possible to get a room with seaview on the top- floor? (Ist es möglich, ein Zimmer mit Meerblick im obersten Stockwerk zu bekommen?; ausgesprochen: *Iss it possibel tu get a ruhm with sieh vju on the topp flohr?*)

Can i have a room near the elevator please? (Kann ich ein Zimmer in Aufzugnähe bekommen bitte?; ausgesprochen: *Kenn ei häf a ruhm niehr the elewätor plies?*)

Is it possible to get a room with a window to the garden please? (Ist es möglich, ein Zimmer mit einem Fenster zum Garten heraus zu bekommen?; ausgesprochen: *Iss it possibel tu get ä ruhm with a windo tuh the garden plies?*)

Es empfiehlt sich bei der Ankunft ebenfalls zu fragen, wann es Frühstück gibt, wo das Restaurant im Hotel ist und wann die Poollandschaft geöffnet hat. In den zusätzlichen Redewendungen finden Sie die üblichen und gebräuchlichsten Beispielsätze. Gehen Sie diese durch und versuchen Sie sich in der Aussprache. Es ist ein kurzes Kapitel, nehmen Sie sich bitte diese Zeit, das erleichtert es in den späteren Kapiteln, die verwendeten Wörter und Sätze besser zu verstehen.

»»Zusätzliche Redewendungen

Where is the breakfast room? (Wo ist der Frühstücksraum?; ausgesprochen: *Wer iss the breggfast ruhm?*)

When is breakfast? (Wann ist Frühstück?; ausgesprochen: *Wenn iss breggfast.*)

Could you tell me please the opening times for the pool? (Könnten Sie mir bitte die Öffnungszeiten für den Pool sagen?; ausgesprochen: K*utt juh tell mi plies the opening teims vor the puhl?*)

Excuse me, could you order a taxi for me please? I would like to go to the 'city' (museum, cinema, theatre). (Entschuldigen Sie bitte, könnten Sie mir bitte ein Taxi bestellen? Ich würde gern in die Stadt fahren (ins Museum, ins Kino, ins Theater); ausgesprochen: *Exkjus mi, kutt juh order a taxi vor mi plies? Ei wudd leik tu go tu the siddi (mjusium, sinnema,thi-äther)*)

I need the taxi at .... (Ich brauch ein Taxi um....; ausgesprochen: *Ei nied the taxi ät...*)

Is room service available? (Ist Zimmerservice verfügbar?; ausgesprochen: *Iss ruhm sörwiss awählabel?*)

Can you send the housekeeping to my room? (Können Sie die Zimmermädchen in mein Zimmer schicken?; ausgesprochen: *Kenn ju send the hauskieping tu mei ruhm?*)

Can I have fresh towels please? (Kann ich bitte frische Handtücher bekommen?; ausgesprochen: *Kenn ei häf fresch tauels plies?*)

My room number is 312, I would like to get a wake up call in the morning at .... (Meine Zimmernummer ist 312, ich möchte gern einen Weckruf morgens um ... bestellen; ausgesprochen: *Mei ruhm namber is thrie- won-tuh, ei wudd leik tu get ä weg ap koll in the morning ät .....* **Besonderheit:** Wie Sie sehen, werden die einzelnen Ziffern der Zimmernummer im

Englischen getrennt ausgesprochen, also nicht dreihundertzwölf, sondern drei- eins- zwo)

Can I get help with my luggage please? (Kann ich Hilfe mit meinem Gepäck bekommen bitte?; ausgesprochen: *Kenn ei get help with mei laggetsch plies?*)

Is there a laundry service in this hotel? (Ist in diesem Hotel ein Wäscheservice?; ausgesprochen: *Iss ther ä laundrie sörwiss in this hotel?*)

»»Sätze und Redewendungen aus diesem Kapitel in der chronologischen Übersicht:

Excuse me, I would like a room for … (Entschuldigen Sie bitte, ich hätte gern ein Zimmer für …; ausgesprochen: *Exkjus mi, ei wud leik a ruhm vor ….*)

Excuse me, i have booked a room here. (Entschuldigen Sie bitte, ich habe hier ein Zimmer gebucht. Ausgesprochen: *Exkjus mi, ei häf buggd ä ruhm hier*)

My name is ..... (Mein Name ist; ausgesprochen: *Mei nehm is...*)

What is your name, please? (Wie ist Ihr Name bitte?; ausgesprochen: *Wotts juhr nehm plies?*)

Is there a room with sea- view available? (Ist ein Zimmer mit Meerblick verfügbar?; ausgesprochen: *Iss theer ä ruhm with sieh vju awählabel?*)

Can I have a room on the top- floor please? (Kann ich ein Zimmer im obersten Stock bekommen bitte?; ausgesprochen: *Kenn ei häf ä ruhm on the topp flohr plies?*)

Is it possible to get a room with seaview on the top- floor? (Ist es möglich, ein Zimmer mit Meerblick im obersten Stockwerk zu bekommen?; ausgesprochen: *Iss it possibel tu get a ruhm with sieh vju on the topp flohr?*)

Can i have a room near the elevator please? (Kann ich ein Zimmer in Aufzugnähe bekommen bitte?; ausgesprochen: *Kenn ei häf a ruhm niehr the elewätor plies?*)

Is it possible to get a room with a window to the garden please? (Ist es möglich, ein Zimmer mit einem Fenster zum Garten heraus zu bekommen?; ausgesprochen: *Iss it possibel tu get ä ruhm with a windo tuh the garden plies?*)

Where is the breakfast room? (Wo ist der Frühstücksraum?; ausgesprochen: *Wer iss the breggfast ruhm?*)

When is breakfast? (Wann ist Frühstück?; ausgesprochen: *Wenn iss breggfast.*)

Could you tell me please the opening times for the pool? (Könnten Sie mir bitte die Öffnungszeiten für den Pool sagen?; ausgesprochen: K*utt juh tell mi plies the opening teims vor the puhl?*)

Excuse me, could you order a taxi for me please? I would like to go to the 'city' (museum, cinema, theatre). (Entschuldigen Sie bitte, könnten Sie mir bitte ein Taxi bestellen? Ich würde gern in die Stadt fahren (ins Museum, ins Kino, ins Theater); ausgesprochen: *Exkjus mi, kutt juh order a taxi vor mi plies? Ei wudd leik tu go tu the siddi (mjusium, sinnema,thi-äther)*)

I need the taxi at .... (Ich brauch ein Taxi um....; ausgesprochen: *Ei nied the taxi ät...*)

Is room service available? (Ist Zimmerservice verfügbar?; ausgesprochen: *Iss ruhm sörwiss awählabel?*)

Can you send the housekeeping to my room? (Können Sie die Zimmermädchen in mein Zimmer schicken?; ausgesprochen: *Kenn ju send the hauskieping tu mei ruhm?*)

Can I have fresh towels please? (Kann ich bitte frische Handtücher bekommen?; ausgesprochen: *Kenn ei häf fresch tauels plies?*)

My room number is 312, I would like to get a wake up call in the morning at .... (Meine Zimmernummer ist 312, ich möchte gern einen Weckruf morgens um ... bestellen; ausgesprochen: *Mei ruhm namber is thrie- won-tuh, ei wudd leik tu get ä weg ap koll in the morning ät .....* **Besonderheit:** Wie Sie sehen, werden die einzelnen Ziffern der Zimmernummer im Englischen getrennt ausgesprochen, also nicht dreihundertzwölf, sondern drei- eins- zwo)

Can I get help with my luggage please? (Kann ich Hilfe mit meinem Gepäck bekommen bitte?; ausgesprochen: *Kenn ei get help with mei laggetsch plies?*)

Is there a laundry service in this hotel? (Ist in diesem Hotel ein Wäscheservice?; ausgesprochen: *Iss ther ä laundrie sörwiss in this hotel?*)

»»Tag 4 – Im Restaurant oder Cafe««

Das Kapitel, dessen Inhalt sie vermutlich am Häufigsten verwenden werden. Anreisen tun Sie nur einmal, einchecken im Hotel ebenso, aber gastronomische Erlebnisse brauchen Sie jeden Tag im Urlaub. Überfliegen Sie dieses Kapitel deshalb nicht nur, sondern arbeiten Sie es durch. Nehmen Sie sich Zeit dafür, es lohnt sich. Es sind nicht viele Sätze, dass heißt, wenn Sie diese auswendig beherrschen, sind Sie auf die meisten Situationen vorbereitet.

»Tischwahl

Noch bevor Sie am Tisch sitzen und sich auf die kommende Speise freuen können, werden Sie bei einigen Restaurants platziert. Es erwartet Sie also jemand am Empfang und fragt, ob Sie einen Tisch mögen, ob Sie reserviert hätten oder wie viel Personen mit Ihnen speisen werden.

Die Frage des Empfangspersonals könnte dann (natürlich nach der Begrüßung) wie folgt lauten:

You have a reservation? (Haben Sie eine Reservierung?; ausgesprochen: *Ju häf ä reserwäschon?*)

Oder

How many? (Wie viel?; ausgesprochen: *Hau menni?;* wird verwendet um zu Fragen für wie viel Personen der Tisch sein soll.)

Alternativ können Sie auch offensiv beim Hereingehen (nach der entsprechenden Begrüßung, die Sie in Lektion 1 bereits gelernt haben) fragen:

I would like a table for … (Ich hätte gern einen Tisch für ….; ausgesprochen: *Ei wudd leik ä tebel vor...*)

und direkt fragen, ob es auch eine deutsche Speisekarte gibt. Das ist in vielen Urlaubsländern üblich, also keine falsche Scham:

You have maybe a German menu? (Hätten Sie vielleicht eine Speisekarte in Deutsch?; ausgesprochen: *Ju häf meybi ä Tschörmen menju?*)

Anschließend dürfte Ihnen ein Tisch zugewiesen werden und Sie bedanken Sich natürlich wie bereits gelernt mit dem obligatorischem „**Thank you**."

»»Getränkebestellung

In der Regel werden Sie beim Platzieren oder spätestens wenn Sie die Speisekarte erhalten gefragt, ob Sie bereits etwas zu trinken bestellen möchten:

You would like something to drink? (Möchten Sie etwas zu trinken?; ausgesprochen: *Ju wudd leik samthing tu drink?* - Denken Sie an das trocken gelispelte 'th' in something)

Alternativ kann die Frage nach der Getränkebestellung auch lauten:

Can I bring you something to drink? (Kann ich Ihnen etwas zu trinken bringen?; ausgesprochen: *Kenn ei bring ju samthing tu drink*?)

Oder

You wanna order something to drink? (Möchten Sie eine Getränkebestellung aufgeben?; ausgesprochen: *Ju wonna order samthing tu drink*?)

Jetzt können Sie vor einer Bestellung fragen, was ein Getränk kostet. Teilweise ist das empfehlenswert, da in vielen Urlaubsländern gern die Speisekarte bis zur Getränkebestellung zurück gehalten wird und dann ein böses erwachen erfolgen kann. Man wird mit günstigen Preisen für eine Speise in das Restaurant gelockt und fällt dann in Ohnmacht wenn es um die Preise für die Getränke geht, die man ja bei der Bestellung nicht immer kennt.

Nach dem Preis eines Getränkes erkundigen Sie sich wie folgt. Das '…' ersetzen Sie bitte durch das jeweilige Getränk. Sie finden unter „Zusätzliche Redewendungen" in diesem Kapitel die gebräuchlichsten Getränke aufgelistet, die Sie dann einfach nur an das '…' setzen müssen:

Excuse me please, could you tell me the price for a glass of.... ? (Verzeihen Sie bitte, könnten Sie mir den Preis für ein Glas …. nennen?; ausgesprochen: *Exkjus mi plies, kutt ju tell mi the preis vor ä glas off....*)

Wenn Sie ein Getränk bestellen möchten, tun Sie das wie folgt:

I would like to order a glass of .... (Ich hätte gern ein Glas ... bestellt.; ausgesprochen: *Ei wudd leik tu order ä glas of...*)

oder

I would like to order a bottle of.... (Ich hätte gern eine Flasche ... bestellt.; ausgesprochen: *Ei wudd leik tu order a boddel of....*)

der geübte Bietrinker bestellt kein Glas oder keine Flasche, er bestellt ein 'Pint', was einer Maßeinheit von etwa 0,6 Litern entspricht:

I would like to order a pint of beer. (Ich hätte gern ein Pint Bier bestellt.; ausgesprochen: *Ei wudd leik tu order ä peint of bier.*)

Sofern sie jetzt noch immer keine Speisekarte haben, bitte bitten Sie darum. Entweder auf der

Art, wie Sie es eben gelernt haben und fragen direkt nach einer deutschen Ausgabe, oder generell:

Could you bring me the menu please? (Könnten Sie mir die Speisekarte bringen bitte?; ausgesprochen: *Kutt ju bring mi the menju plies?*)

»»Essensbestellung

Selbst wenn die Speisekarte nicht unbedingt auf deutsch erhältlich ist, werden Sie eine Vielzahl von Speisen erkennen können, da die Begriffe weitestgehend bekannt sind oder gar identisch oder ähnlich geschrieben werden (Steak, Fish, Pizza, Pasta Bolognese). In den zusätzlichen Redewendungen in diesem Kapitel werden zudem die gängigen Speisen noch einmal aufgeführt, sodass Sie die Platzhalter '…' dann bequem durch diese ergänzen können oder die entsprechende Nummer auf der Karte darin einfügen.

Möchten Sie eine Speise bestellen, so geben Sie die Bestellung wie folgt auf:

I would like to order …. (Ich möchte gern …. bestellen.; ausgesprochen: *Ei wudd leik tu order...*)

Nach dem Essen ist es leider üblich, dass man auch bezahlen muss. Selbst im Urlaub. Um die Rechnung bitten Sie wie folgt:

Can you bring me the bill please? (Können sie mir bitte die Rechnung bringen?; ausgesprochen: *Kenn ju bring mi the bill plies?*)

Oder

Can I have the bill please? (Kann ich bitte die Rechnung haben?; ausgesprochen: *Kenn ei häf the bill plies?*)

Oder

I would like to pay. (Ich möchte gern zahlen. ; *Ei wudd leik tu pey.*)

Entschließen Sie sich dazu, ein kleines Trinkgeld zu geben, lassen Sie es auf dem Tisch liegen. Wenn sie sehen, dass der Kellner Ihnen das Wechselgeld zurück geben möchte, das Sie als Trinkgeld vorsahen, dann winken sie ab und sagen:

It's ok. Thank you. (Es ist in Ordnung, Danke.; ausgesprochen: *itts ok. Thänk ju*. - Denken Sie wieder an das trocken gelispelte 'th' in 'Thank.')

Manchmal werden Sie am Ende gefragt, ob alles in Ordnung war. Das klingt dann so:

Was everything ok? (War alles in Ordnung?; ausgesprochen: *Woas effrithing ok*?)

Darauf können Sie dann wie folgt antworten:

Oh, Yes, thank you. (Oh, ja, Danke.; ausgesprochen: *Oh, jess, thänk ju*)

Oder

Yes, it was great. (Ja, es war großartig. ; ausgesprochen: *Jess, it woas grät*.)

Oder

Yes, it was perfect. (Ja, es war perfekt.; ausgesprochen: *Jess, it woas pörfeckt*.)

Die üblichen Verabschiedungsworte kennen Sie bereits, sodass Sie jetzt einige Getränke und Speisen kennen lernen können, sowie weitere mögliche Redewendungen für den Restaurantbesuch. Es wird vermutlich das wichtigste Kapitel in Ihrem Urlaub sein, nehmen Sie sich also bitte die Zeit und üben Sie die Aussprache, mögliche Bestellungen und gehen Sie selbst die Situationen durch, die Sie erwarten können. Die aufgezählten Speisen enthalten die „Kernelemente", die Sie finden werden. Es ist also nicht möglich, jede Variation von Schweineschnitzel aufzuzählen, aber Sie werden erfahren was „Schwein" oder „Rind" heißt, sodass Sie den Kern der Speisen auf der Karte erkennen können und wissen, was Sie sich ansehen und um was es sich im Grunde nach handelt.

»»Zusätzliche Redewendungen

Getränke:

Beer (Bier; ausgesprochen: *Bier*)

Draft Beer (Gezapftes Bier; ausgesprochen: *druaft bier*)

Wine (Wein, ausgesprochen: *Wein*)

Redwine (Rotwein; ausgesprochen: *reddwein*)

Whitewine (Weißwein; ausgesprochen: *Weitwein*)

Housewine (Hauswein, Tafelwein; ausgesprochen: *Hauswein*)

Champagner (Champagner; ausgesprochen: *Schammpeehn*)

Water (Wasser, ausgesprochen: *Wuater*)

still Water (stilles Wasser; ausgesprochen: *still wuater*. Bitte beachten Sie das als 's' und 't' ausgesprochene 'st' in 'still')

sparkling water (Sprudel; ausgesprochen: *sparkling wuate*r)

Juice (Saft; ausgesprochen: *tschuhs*)

Orange Juice (Orangensaft; ausgesprochen: *ohräntsch tschuhs*)

Tomato Juice (Tomatensaft; ausgesprochen: *tomato tschuhs*)

Lemonade (Limonade; ausgesprochen: *Lemmen-nehd*)

Coffee (Kaffee; ausgesprochen: *Koffieh*)

Tea (Tee, ausgesprochen: *Tieh*)

with sugar (mit Zucker; ausgesprochen: *with schugger*)

with milk (mit Milch; ausgesprochen: *with milk*)

without sugar (milk) (ohne Zucker (Milch) ; ausgesprochen: *with-aut schugger (milk)*)

Speisen:

Fish (Fisch; ausgesprochen: *Fisch*)

Chips (Pommes; ausgesprochen: *tschipps*)

Fish and Chips (Fisch und Pommes; ausgesprochen: *Fisch end tschipps*)

Burger (Hackfleischklops auf Brötchen mit Salat und Garnierung; ausgesprochen: *Börger*)

Chesse (Käse; ausgesprochen: *Tschiehs*)

Chicken (Hühnchen; ausgesprochen: *Tschicken*)

Chicken Breast (Hühnchenbrust; ausgesprochen: *Tschicken briest*)

Grilled Chicken (Gegrilltes Hühnchen; ausgesprochen: *grilld Tschicken*)

Mixed Grill (Gemischte Grillplatte; ausgesprochen: *Mixdd grill*)

Sausage (Würstchen; ausgesprochen: *Sohsätsch*)

pork (Schweinefleisch; ausgesprochen: *pork*)

beef (Rindfleisch; ausgesprochen: *Bief*)

minced beef (Hackfleisch vom Rind; ausgesprochen: *minzd bief*)

lamb (Lamm; ausgesprochen: *lämb*)

potato (Kartoffel; ausgesprochen: *potehto*)

rice (Reis; ausgesprochen: *Reis*)

vegetables (Gemüse; ausgesprochen: *wetschetebels*)

seasonal vegetables (Saison Gemüse; ausgesprochen: *Siehsonal wetschetebels*)

mushrooms (Pilze; ausgesprochen: *maschruhms*)

pepper (Pfeffer; ausgesprochen: *pepper*)

salt (Salt; ausgesprochen: *sold*)

spicy (würzig; ausgesprochen: *speisi*)

hot (scharf; ausgesprochen: *hott*)

seasonal fruits (Früchte der Saison; ausgesprochen: *siehsonal fruhts*)

strawberries (Erdbeeren; *strohberries* – Bitte denken Sie wieder an das separat ausgesprochene ST am Wortanfang)

ice- cream (Eiscreme; ausgesprochen: *eis kriehm*)

vegetarian (vegetarisch; *wetschetehri-en*)

fork (Gabel; ausgesprochen: *fork*)

knife (Messer; ausgesprochen: *neif*)

spoon (Löffel; ausgesprochen: *spuhn*)

teaspoon (Teelöffel; ausgesprochen: *tieh- spuhn*)

breakfast (Frühstück; ausgesprochen: *breggfast*)

lunch (Mittagessen; ausgesprochen: *lansch*)

dinner (Abendessen; ausgesprochen: *dinner*)

brunch (Mischung zwischen Frühstück und Mittagessen; ausgesprochen: *Bransch*)

Bred (Brot; ausgesprochen: *Bredd*)

Butter (Butter; ausgesprochen: *Batter*)

»» *Redewendungen:*

Are there bones inside? (Sind dort Knochen (bzw. Gräten – Im Englischen gibt es keinen Unterschied) drin? ; ausgesprochen: *Ahr theer bohns inseid?*)

Can I have extra cheese please? (Kann ich Extra Käse bekommen bitte?; ausgesprochen: *Kenn ei häf extra tschiehs plies?*)

You have also a child menu? (Haben Sie auch ein Speisekarte für Kinder?; ausgesprochen: *juh häf ohlso ä tscheild menju?*)

Can I have an extra small portion please? (Kann ich eine kleine Portion bekommen bitte?; ausgesprochen: *Kenn ei häf änn extra smohl porschon plies?*)

I like it well done. (medium, red) (Ich mag es gut durch (mittel, rot); ausgesprochen: *Ei leik it well dann (miehdium, redd)*)

Can I book a table for … person for tomorrow (today) evening? (Kann ich einen Tisch für … Personen für morgen (heute) Abend bestellen?; ausgesprochen: *kenn ei buck ä tebel vor … pöhrson vor tumooroh (tudey) iehwenning?*)

»»Sätze und Redewendungen aus diesem Kapitel in der chronologischen Übersicht:

You have a reservation? (Haben Sie eine Reservierung?; ausgesprochen: *Ju häf ä reserwäschon?*)

How many? (Wie viel?; ausgesprochen: *Hau menni?;* wird verwendet um zu Fragen für wie viel Personen der Tisch sein soll.)

I would like a table for ... (Ich hätte gern einen Tisch für ....; ausgesprochen: *Ei wudd leik ä tebel vor...*)

You have maybe a German menu? (Hätten Sie vielleicht eine Speisekarte in Deutsch?; ausgesprochen: *Ju häf meybi ä Tschörmen menju?*)

You would like something to drink? (Möchten Sie etwas zu trinken?; ausgesprochen: *Ju wudd leik samthing tu drink?* - Denken Sie an das trocken gelispelte 'th' in something)

Can I bring you something to drink? (Kann ich Ihnen etwas zu trinken bringen?; ausgesprochen: *Kenn ei bring ju samthing tu drink*?)

You wanna order something to drink? (Möchten Sie eine Getränkebestellung aufgeben?; ausgesprochen: *Ju wonna order samthing tu drink*?)

Excuse me please, could you tell me the price for a glass of.... ? (Verzeihen Sie bitte, könnten Sie mir den Preis für ein Glas …. nennen?; ausgesprochen: *Exkjus mi plies, kutt ju tell mi the preis vor ä glas off....*)

I would like to order a glass of …. (Ich hätte gern ein Glas … bestellt.; ausgesprochen: *Ei wudd leik tu order ä glas of...*)

I would like to order a bottle of.... (Ich hätte gern eine Flasche … bestellt.; ausgesprochen: *Ei wudd leik tu order a boddel of....*)

I would like to order a pint of beer. (Ich hätte gern ein Pint Bier bestellt.; ausgesprochen: *Ei wudd leik tu order ä peint of bier.*)

Could you bring me the menu please? (Könnten Sie mir die Speisekarte bringen bitte?; ausgesprochen: *Kutt ju bring mi the menju plies?*)

I would like to order .... (Ich möchte gern .... bestellen.; ausgesprochen: *Ei wudd leik tu order...*)

Can you bring me the bill please? (Können sie mir bitte die Rechnung bringen?; ausgesprochen: *Kenn ju bring mi the bill plies?*)

Can I have the bill please? (Kann ich bitte die Rechnung haben?; ausgesprochen: *Kenn ei häf the bill plies?*)

I would like to pay. (Ich möchte gern zahlen. ; *Ei wudd leik tu pey.*)

It's ok. Thank you. (Es ist in Ordnung, Danke.; ausgesprochen: *itts ok. Thänk ju*. - Denken Sie wieder an das trocken gelispelte 'th' in 'Thank.')

Was everything ok? (War alles in Ordnung?; ausgesprochen: *Woas effrithing ok*?)

Oh, Yes, thank you. (Oh, ja, Danke.; ausgesprochen: *Oh, jess, thänk ju*)

Yes, it was great. (Ja, es war großartig. ; ausgesprochen: *Jess, it woas grät*.)

Yes, it was perfect. (Ja, es war perfekt.; ausgesprochen: *Jess, it woas pörfeckt*.)

Getränke:

Beer (Bier; ausgesprochen: *Bier*)

Draft Beer (Gezapftes Bier; ausgesprochen: *druaft bier*)

Wine (Wein, ausgesprochen: *Wein*)

Redwine (Rotwein; ausgesprochen: *reddwein*)

Whitewine (Weißwein; ausgesprochen: *Weitwein*)

Housewine (Hauswein, Tafelwein; ausgesprochen: *Hauswein*)

Champagner (Champagner; ausgesprochen: *Schammpeehn*)

Water (Wasser, ausgesprochen: *Wuater*)

still Water (stilles Wasser; ausgesprochen: *still wuater*. Bitte beachten Sie das als 's' und 't' ausgesprochene 'st' in 'still')

sparkling water (Sprudel; ausgesprochen: *sparkling wuate*r)

Juice (Saft; ausgesprochen: *tschuhs*)

Orange Juice (Orangensaft; ausgesprochen: *oräntschschuus*)

Tomato Juice (Tomatensaft; ausgesprochen: *tomato tschuus*)

Lemonade (Limonade; ausgesprochen: *Lemmen-nehd*)

Cola

Coffee (Kaffee; ausgesprochen: *Koffieh*)

Tea (Tee, ausgesprochen: *Tieh*)

with sugar (mit Zucker; ausgesprochen: *with schugger*)

with milk (mit Milch; ausgesprochen: *with milk*)

without sugar (milk) (ohne Zucker (Milch) ; ausgesprochen: *with-aut schugger (milk)*)

Speisen:

Fish (Fisch; ausgesprochen: *Fisch*)

Chips (Pommes; ausgesprochen: *tschipps*)

Fish and Chips (Fisch und Pommes; ausgesprochen: *Fisch end tschipps*)

Burger (Hackfleischklops auf Brötchen mit Salat und Garnierung; ausgesprochen: *Börger*)

Chesse (Käse; ausgesprochen: *Tschiehs*)

Chicken (Hühnchen; ausgesprochen: *Tschicken*)

Chicken Breast (Hühnchenbrust; ausgesprochen: *Tschicken briest*)

Grilled Chicken (Gegrilltes Hühnchen; ausgesprochen: *grilld Tschicken*)

Mixed Grill (Gemischte Grillplatte; ausgesprochen: *Mixdd grill*)

Sausage (Würstchen; ausgesprochen: *Sohsätsch*)

pork (Schweinefleisch; ausgesprochen: *pork*)

beef (Rindfleisch; ausgesprochen: *Bief*)

minced beef (Hackfleisch vom Rind; ausgesprochen: *minzd bief*)

lamb (Lamm; ausgesprochen: *lämb*)

potato (Kartoffel; ausgesprochen: *potehto*)

rice (Reis; ausgesprochen: *Reis*)

vegetables (Gemüse; ausgesprochen: *wetschetebels*)

seasonal vegetables (Saison Gemüse; ausgesprochen: *Siehsonal wetschetebels*)

mushrooms (Pilze; ausgesprochen: *maschruhms*)

pepper (Pfeffer; ausgesprochen: *pepper*)

salt (Salt; ausgesprochen: *sold*)

spicy (würzig; ausgesprochen: *speisi*)

hot (scharf; ausgesprochen: *hott*)

seasonal fruits (Früchte der Saison; ausgesprochen: *siehsonal fruhts*)

strawberries (Erdbeeren; *strohberries* – Bitte denken Sie wieder an das separat ausgesprochene ST am Wortanfang)

ice- cream (Eiscreme; ausgesprochen: *eis kriehm*)

vegetarian (vegetarisch; *wetschetehri-en*)

Besteck:

fork (Gabel; ausgesprochen: *fork*)

knife (Messer; ausgesprochen: *neif*)

spoon (Löffel; ausgesprochen: *spuhn*)

teaspoon (Teelöffel; ausgesprochen: *tieh- spuhn*)

Mahlzeiten:

breakfast (Frühstück; ausgesprochen: *breggfast*)

lunch (Mittagessen; ausgesprochen: *lansch*)

dinner (Abendessen; ausgesprochen: *dinner*)

brunch (Mischung zwischen Frühstück und Mittagessen; ausgesprochen: *Bransch*)

Bred (Brot; ausgesprochen: *Bredd*)

Butter (Butter; ausgesprochen: *Batter*)

Are there bones inside? (Sind dort Knochen (bzw. Gräten – Im Englischen gibt es keinen Unterschied) drin? ; ausgesprochen: *Ahr theer bohns inseid?*)

Can I have extra cheese please? (Kann ich Extra Käse bekommen bitte?; ausgesprochen: *Kenn ei häf extra tschiehs plies?*)

You have also a child menu? (Haben Sie auch ein Speisekarte für Kinder?; ausgesprochen: *juh häf ohlso ä tscheild menju?*)

Can I have an extra small portion please? (Kann ich eine kleine Portion bekommen bitte?; ausgesprochen: *Kenn ei häf änn extra smohl porschon plies?*)

I like it well done. (medium, red) (Ich mag es gut durch (mittel, rot); ausgesprochen: *Ei leik it well dann (miehdium, redd)*)

Can I book a table for … person for tomorrow (today) evening? (Kann ich einen Tisch für … Personen für morgen (heute) Abend bestellen?; ausgesprochen: *kenn ei buck ä tebel vor … pöhrson vor tumooroh (tudey) iehwenning?*)

»»Tag 5 – Museum, Sehenswürdigkeiten und Strand««

Da Sie nicht nur Anreisen und Essen im Urlaub, sondern auch die Sehenswürdigkeiten oder den Strand genießen wollen, hier die entsprechenden Redewendungen, Fragen oder Satzbausteine für diesen Teil des Urlaubes. Es handelt sich hierbei um ein relativ kurzes Kapitel, wenn sie also am Ende noch den Drang verspüren, weiter zu lernen, wiederholen Sie bitte noch einmal das Restaurantkapitel!

Erkundigen Sie sich nach dem Weg zum Museum, dem Strand oder einer Sehenswürdigkeit, können Sie einen Passanten wie folgt ansprechen:

Excuse me, could you tell me please, where I can find the museum? (Entschuldigen Sie bitte, wo kann ich das Museum finden?; ausgesprochen: *Exkjus mi, kutt ju tell me plies wer ei kenn feind the mjusium?*)

Oder

Excuse me, could you tell me please where I can find the beach? (Entschuldigen Sie, könnten Sie mir bitte sagen, wo ich den Strand finde?; ausgesprochen: *Exkjus mi, kutt ju tell mi plies wer ei kenn feind the biehtsch?*)

Oder

Excuse me, could you tell me the fastest way to …. please? (Entschuldigen Sie, könnten Sie mir bitte sagen, wie ich am schnellsten zu (nach) … komme?; ausgesprochen: *Exkjus mi, kutt ju tell mi the fastest weh tu …. plies?*)

Sofern es sich um ein Museum handelt, werden Sie mit einem Eintritt rechnen müssen, der kurz „**Entrance fee**" bezeichnet wird. Unterschieden wird dabei nach Erwachsener (**adult**) oder Kind (**child**).

Kaufen können Sie die Karte wie folgt:

I would like to buy a ticket for … adult (and … child(s)) (Ich hätte gern ein Ticket für … Erwachsene (und …. Kinder); ausgesprochen:

Ei wudd leik tu bei ä ticket vor … addult (änd … tscheilds))

Vergessen Sie nicht das obligatorische „**Thank you**“ wenn Sie das Ticket erhalten haben.

Am Strand werden Ihnen unter Umständen Schilder begegnen die folgendes aussagen:

Sunchair … Euro (Sonnenschirm; ausgesprochen: *Sann- tschähr*)

Umbrella … Euro (Schirm; ausgesprochen: *Ammbrella*)

Das bedeutet, dass die Liegen und Schirme kostenpflichtig sind.

»»*Zusätzliche Redewendungen*

<u>Strand:</u>

Suncream (Sonnencreme; ausgesprochen: *Sannkriem*)

Sunblocker (Sonnenblocker; ausgesprochen: *Sannblocker*)

Sunglasses (Sonnenbrillen; ausgesprochen: *Sannglasses*)

Beach towell (Strandhandtuch; ausgesprochen: *Biehtsch- tauwel*)

Beach Shoes (Strandschuhe; ausgesprochen: *Biehtsch Schuhs*)

Refreshments (Erfrischungen; ausgesprochen: *Riehfreschments*)

<u>Museum:</u>

Guide (Führer; ausgesprochen: *Geid*)

Audio Guide (Audio- Führer; ausgesprochen: *Audio- geid*)

Is the audio guide also available in German? (Ist der Audio Führer auch auf Deutsch erhältlich?; ausgesprochen: *Iss the audio geid ohlso awähläbel in tschörmen?*)

Church (Kirche, ausgesprochen: *Tschörtsch*)

Cathedral (Kathedrale; ausgesprochen: *Kathiedrell*)

Palace (Palast, ausgesprochen: *Pelles*)

Castle (Schloss; ausgesprochen: *Kahsel*)

Historic Village (historische Stadt, Altstadt; ausgesprochen: *Hisstorigg willätsch*)

»»Sätze und Redewendungen aus diesem Kapitel in der chronologischen Übersicht:

Excuse me, could you tell me please, where I can find the museum? (Entschuldigen Sie bitte, wo kann ich das Museum finden?; ausgesprochen: *Exkjus mi, kutt ju tell me plies wer ei kenn feind the mjusium?*)

Excuse me, could you tell me please where I can find the beach? (Entschuldigen Sie, könnten Sie mir bitte sagen, wo ich den Strand finde?; ausgesprochen: *Exkjus mi, kutt ju tell mi plies wer ei kenn feind the biehtsch?*)

Excuse me, could you tell me the fastest way to .... please? (Entschuldigen Sie, könnten Sie mir bitte sagen, wie ich am schnellsten zu (nach) ... komme?; ausgesprochen: *Exkjus mi, kutt ju tell mi the fastest weh tu .... plies?*)

I would like to buy a ticket for ... adult (and ... child(s)) (Ich hätte gern ein Ticket für ... Erwachsene (und .... Kinder); ausgesprochen: *Ei wudd leik tu bei ä ticket vor ... addult (änd ... tscheilds)*)

Sunchair ... Euro (Sonnenschirm; ausgesprochen: *Sann- tschähr*)

Umbrella ... Euro (Schirm; ausgesprochen: *Ammbrella*)

Suncream (Sonnencreme; ausgesprochen: *Sannkriem*)

Sunblocker (Sonnenblocker; ausgesprochen: *Sannblocker*)

Sunglasses (Sonnenbrillen; ausgesprochen: *Sannglasses*)

Beach towell (Strandhandtuch; ausgesprochen: *Biehtsch- tauwel*)

Beach Shoes (Strandschuhe; ausgesprochen: *Biehtsch Schuhs*)

Refreshments (Erfrischungen; ausgesprochen: *Riehfreschments*)

Guide (Führer; ausgesprochen: *Geid*)

Audio Guide (Audio- Führer; ausgesprochen: *Audio- geid*)

Is the audio guide also available in German? (Ist der Audio Führer auch auf Deutsch erhältlich?; ausgesprochen: *Iss the audio geid ohlso awähläbel in tschörmen?*)

Church (Kirche, ausgesprochen: *Tschörtsch*)

Cathedral (Kathedrale; ausgesprochen: *Kathiedrell*)

Palace (Palast, ausgesprochen: *Pelles*)

Castle (Schloss; ausgesprochen: *Kahsel*)

Historic Village (historische Stadt, Altstadt; ausgesprochen: *Hisstorigg willätsch*)

»»Tag 6 – Einkaufen, Freizeit und Abends««

In diesem Kapitel soll es vorrangig um die Freizeitgestaltung gehen. Dazu gehört der obligatorische Stadtbummel mit der Einkaufstour oder das Kino und Theater.

Das in sehr vielen Touristenregionen Preise nicht ausgezeichnet sind und erfragt werden müssen, wird die vermutlich häufigste Frage sein:

Excuse me, what is the price for this? (Entschuldigen Sie, was ist der Preis für das?; ausgesprochen: *Exkjus mi, watt iss the preis for this*?)

Oder

How much is it? (Wieviel kostet es?; ausgesprochen: *Hau matsch is it*?)

Wenn Sie mehrere Artikel kaufen, können Sie versuchen etwas zu feilschen, das ist durchaus üblich in vielen Ländern:

When I buy more than one item, can I get it cheaper? (Wenn ich mehr als ein Teil kaufe, kann ich es günstiger bekommen?; ausgesprochen: *wenn ei bei mohr than won, kenn ei gett it tschieper?*)

Oder

What is your final price when I wanna take it? (Was ist der letzte Preis wenn ich es nehme?; ausgesprochen: *watt is jur feinel preis wenn ei wanna teek it? - Das englische 'take', als ausgesprochen 'teek' sprechen Sie bitte so aus, wie den 'Tee' mit einem zusätzlichen 'k'*)

Wenn Sie eine konkrete Preisvorstellung haben, die unter dem Preis des Verkäufers liegt, können sie diese so mitteilen (ergänzen Sie '…' bitte durch den Betrag den Sie bereit sind zu zahlen):

I would take it for this price .... (Ich würde es für diesen Preis nehmen...; ausgesprochen: *Ei wudd teek it vor this preis*)

Sofern Sie in einem Bekleidungsgeschäft sind und probieren möchten oder sich etwas zeigen lassen möchten, werden Ihnen die folgenden Fragen sicher weiter helfen. Bitte beachten Sie, dass sie Farben, Größen und Kleidungsstücke in den zusätzlichen Redewendungen finden, die in diesem Kapitel am Ende zu finden sind:

Excuse me, could you show me this .... in size .... please? (Entschuldigen Sie, könnten Sie mir das in Größe ... zeigen bitte?; ausgesprochen: *Exkjus mi kutt ju scho mi this .. in seis .... plies*?)

Where are the fitting rooms? (Wo sind die Umkleidekabinen?; ausgesprochen: *Wer ahr the fitting ruhms?*)

Can I try this? (Kann ich das probieren?; ausgesprochen: *Kenn ei trei this*?)

You have it also in .... color? (Haben sie das auch in Farbe....?; ausgesprochen: *Ju häf it ohlso in ... kaller?*)

This is too small, you have it maybe one size bigger? (Das ist zu klein/ knapp, haben Sie es vielleicht eine Größe größer?; ausgesprochen: *This is tu smohl, ju häf it meybi won seis bigger*?)

This is too big, you have it maybe one size smaller? (Das ist zu groß, haben Sie es vielleicht eine Größe kleiner?; ausgesprochen: *This is tu big, ju häf it meybi won seis smohler*?)

Manchmal können die Verkäufer auch sehr aufdringlich sein, wenn Sie sich nur einmal unverbindlich umsehen möchten. Wenn Sie nach der Begrüßung die Frage hören:

What can I do for you? (Was kann ich für Sie tun?; ausgesprochen: *Wott kenn ei du vor ju*?)

Oder

You look for something special? (Schauen sie nach etwas bestimmtem?; ausgesprochen: *Ju luck vor samsing speschel?*)

Antworten Sie in diesem Fall ruhig:

I like nothing. I just wanna look around. Thank you. (I suche nichts. Ich möchte mich nur umsehen.; ausgesprochen: *Ei leik nassing. Ei tschast wonna luck araund. Thenk ju.*)

Oder Sie suchen etwas spezielles. Dann antworten Sie wie folgt:

Yes, i would like a ..... (Ja, ich suche ein/ eine ..... ; ausgesprochen: *Jess, ei wudd leik ä...*)

Sie werden beim Einkaufen feststellen, dass es sehr leicht ist, sich mit diesen eigentlich wenigen Wortgruppen und Sätzen zu verständigen. Es geht -wie schon eingangs erwähnt- in diesem Buch in erster Linie darum, die essentiellen Dinge zu vermitteln, sodass Wert auf die grundlegenden Verwendungen gelegt wurde.

***

Wie Sie eine Eintrittskarte für eine Veranstaltung kaufen, haben sie ansatzweise im vorangegangenen Kapitel kennengelernt. Dennoch behandeln wir kurz die Möglichkeit Kino, Theater und Show in diesem Teil dieser Lektion.

Den Weg zum Theater erfragen Sie wie folgt:

Excuse me, could you tell me please, where I can find the theatre? (Entschuldigen Sie, könnten Sie mir bitte sagen, wo ich das Theater finde? Ausgesprochen: *Exkjus mi, kutt ju tell mi plies, wer ei kenn feind the thi-äther?*)

Müssen Sie im Theater noch Ihre bereits reservierten Karten abholen, gehen Sie zum

„**Box office**" (Theaterkasse) und teilen mit, dass Sie vorbestellt, vorreserviert haben:

I have already booked. My name is.... (Ich habe bereits gebucht/ bestellt. Mein Name ist....; ausgesprochen: *Ei häf ohlreddie buggd. Mei nehm is....*)

Wenn Sie erst Tickets kaufen müssen, dann bestellen sie wie folgt:

I would like a ticket (2 tickets) for the tonight performance. (Ich hätte gern ein Ticket (2 Tickets) für die Vorstellung heute Abend.; ausgesprochen: *Ei wudd leik ä ticket (tu tickets) vor the tuneit performens*)

Unter Umständen werden sie gefragt, welche Kategorie:

Which category, please? (Welche Kategorie bitte?; ausgesprochen: *Witsch Kätegorie plies?*)

Dann geben Sie an, wo Sie bevorzugt sitzen würden oder fragen, welche noch verfügbar sind:

Which categories are available? (Welche Kategorien sind verfügbar?; ausgesprochen: *Witsch Kätegories ahr ähwählebel?*)

Dann bekommen Sie, je nach Theater, vermutlich folgendes zu hören:

Stalls (Parkett)

oder

Circle (Rang)

Erfragen Sie, wenn Sie sich nicht sicher sind, bevor Sie sich entscheiden den Sitzplan:

Could I see the available seats on the seating plan, please? (Könnte ich die verfügbaren Sitze auf dem Sitzplan sehen bitte? ; ausgesprochen: *Kutt ei sieh the ähwählebel siehts on the siehting plän plies?*)

Wenn Sie Ihre Tickets haben, werden Sie darauf Beginn der Vorstellung und Ihre Sitze sehen. Sollte die Startzeit der Vorstellung nicht vermerkt sein, erfragen Sie diese wie folgt:

When does the performance start? (Wann startet die Vorstellung?; ausgesprochen: *Wenn dahs the performens start?*)

»»Zusätzliche Redewendungen

Hauptfarben:

red (Rot; ausgesprochen: *redd*)

green (Grün; ausgesprochen: *griehn*)

blue (Blau; ausgesprochen: *bluh*)

black (Schwarz; ausgesprochen: *blegg*)

grey (Grau; ausgesprochen: *gräh*)

yellow (Gelb, ausgesprochen: *jelloh*)

pink (Pink; ausgesprochen: *pink*)

purple (Lila; ausgesprochen: *pöhrpel*)

stripes (gestreift, streifen; ausgesprochen: *streips*)

Kleidungsstücke:

pair of jeans (Jeanshose; ausgesprochen: *pähr off Tschiehns*)

pair of trousers (Hose; ausgesprochen: *pähr off trausers*)

pair of shorts (kurze Hose; ausgesprochen: *pähr off schorts*)

shirt (Oberteil, Bluse; ausgesprochen: *schört*)

waistcoat (Weste; ausgesprochen: *wehstkot*)

jacket (Jacke; ausgesprochen: *tschegget*)

socks (Socken; ausgesprochen: *soggs*)

underwear (Unterwäsche; ausgesprochen: *anderwehr)*

<u>*Größen:*</u>

extra small (Extraklein, XS; ausgesprochen: *ixtra smol*)

small (klein, S; ausgesprochen: *smol*)

medium (Medium, M; ausgesprochen: *Miehdium*)

large (Groß, L; ausgesprochen: *lartsch*)

extra large (Extra groß, XL; ausgesprochen: *ixtra lartsch*)

double extra large (Sehr sehr groß, XXL; ausgesprochen: *dabbel ixtra lartsch*)

»»Sätze und Redewendungen aus diesem Kapitel in der chronologischen Übersicht:

Excuse me, what is the price for this? (Entschuldigen Sie, was ist der Preis für das?; ausgesprochen: *Exkjus mi, watt iss the preis for this*?)

How much is it? (Wieviel kostet es?; ausgesprochen: *Hau matsch is it*?)

When I buy more than one item, can I get it cheaper? (Wenn ich mehr als ein Teil kaufe, kann ich es günstiger bekommen?; ausgesprochen: *wenn ei bei mohr than won, kenn ei gett it tschieper?*)

What is your final price when I wanna take it? (Was ist der letzte Preis wenn ich es nehme?; ausgesprochen: *watt is jur feinel preis wenn ei wanna teek it? - Das englische 'take', als ausgesprochen 'teek' sprechen Sie bitte so aus, wie den 'Tee' mit einem zusätzlichen 'k'*)

I would take it for this price .... (Ich würde es für diesen Preis nehmen...; ausgesprochen: *Ei wudd teek it vor this preis*)

Excuse me, could you show me this .... in size .... please? (Entschuldigen Sie, könnten Sie mir das in Größe ... zeigen bitte?; ausgesprochen: *Exkjus mi kutt ju scho mi this .. in seis .... plies*?)

Where are the fitting rooms? (Wo sind die Umkleidekabinen?; ausgesprochen: *Wer ahr the fitting ruhms?*)

Can I try this? (Kann ich das probieren?; ausgesprochen: *Kenn ei trei this*?)

You have it also in .... color? (Haben sie das auch in Farbe....?; ausgesprochen: *Ju häf it ohlso in ... kaller?*)

This is too small, you have it maybe one size bigger? (Das ist zu klein/ knapp, haben Sie es vielleicht eine Größe größer?; ausgesprochen: *This is tu smohl, ju häf it meybi won seis bigger*?)

This is too big, you have it maybe one size smaller? (Das ist zu groß, haben Sie es vielleicht eine Größe kleiner?; ausgesprochen: *This is tu big, ju häf it meybi won seis smohler*?)

What can I do for you? (Was kann ich für Sie tun?; ausgesprochen: *Wott kenn ei du vor ju*?)

You look for something special? (Schauen sie nach etwas bestimmtem?; ausgesprochen: *Ju luck vor samsing speschel?*)

I like nothing. I just wanna look around. Thank you. (I suche nichts. Ich möchte mich nur umsehen.; ausgesprochen: *Ei leik nassing. Ei tschast wonna luck araund. Thenk ju.*)

Yes, i would like a ..... (Ja, ich suche ein/ eine ..... ; ausgesprochen: *Jess, ei wudd leik ä...*)

Excuse me, could you tell me please, where I can find the theatre? (Entschuldigen Sie, könnten Sie mir bitte sagen, wo ich das Theater finde? Ausgesprochen: *Exkjus mi, kutt ju tell mi plies, wer ei kenn feind the thi-äther?*)

I have already booked. My name is.... (Ich habe bereits gebucht/ bestellt. Mein Name ist....; ausgesprochen: *Ei häf ohlreddie buggd. Mei nehm is....*)

I would like a ticket (2 tickets) for the tonight performance. (Ich hätte gern ein Ticket (2 Tickets) für die Vorstellung heute Abend.; ausgesprochen: *Ei wudd leik ä ticket (tu tickets) vor the tuneit performens*)

Which category, please? (Welche Kategorie bitte?; ausgesprochen: *Witsch Kätegorie plies?*)

Which categories are available? (Welche Kategorien sind verfügbar?; ausgesprochen: *Witsch Kätegories ahr ähwählebel?*)

Stalls (Parkett)

Circle (Rang)

Could I see the available seats on the seating plan, please? (Könnte ich die verfügbaren Sitze auf dem Sitzplan sehen bitte? ; ausgesprochen:

Kutt ei sieh the ähwählebel siehts on the siehting plän plies?)

When does the performance start? (Wann startet die Vorstellung?; ausgesprochen: *Wenn dahs the performens start?*)

Hauptfarben:

red (Rot; ausgesprochen: *redd*)

green (Grün; ausgesprochen: *griehn*)

blue (Blau; ausgesprochen: *bluh*)

black (Schwarz; ausgesprochen: *blegg*)

grey (Grau; ausgesprochen: *gräh*)

yellow (Gelb, ausgesprochen: *jelloh*)

pink (Pink; ausgesprochen: *pink*)

purple (Lila; ausgesprochen: *pöhrpel*)

stripes (gestreift, streifen; ausgesprochen: *streips*)

Kleidungsstücke:

pair of jeans (Jeanshose; ausgesprochen: *pähr off Tschiehns*)

pair of trousers (Hose; ausgesprochen: *pähr off trausers*)

pair of shorts (kurze Hose; ausgesprochen: *pähr off schorts*)

shirt (Oberteil, Bluse; ausgesprochen: *schört*)

waistcoat (Weste; ausgesprochen: *wehstkot*)

jacket (Jacke; ausgesprochen: *tschegget*)

socks (Socken; ausgesprochen: *soggs*)

underwear (Unterwäsche; ausgesprochen: *anderwehr)*

<u>*Größen:*</u>

extra small (Extraklein, XS; ausgesprochen: *ixtra smol*)

small (klein, S; ausgesprochen: *smol*)

medium (Medium, M; ausgesprochen: *Miehdium*)

large (Groß, L; ausgesprochen: *lartsch*)

extra large (Extra groß, XL; ausgesprochen: *ixtra lartsch*)

double extra large (Sehr sehr groß, XXL; ausgesprochen: *dabbel ixtra lartsch*)

»»Tag 7 – Abreise««

In diesem, dem letzten Kapitel und damit der letzten Lektion für unser kleines Urlaubsenglisch geht es um den letzten Tag, die Abreise. Auch der schönste Urlaub ist einmal zu Ende und auch hier wollen wir mit einigen Kenntnissen der Sprache höflich bleiben.

Auch hier fängt alles wieder im Hotel an, nämlich dann, wenn es um das aus- checken geht:

I would like to check out. (Ich möchte gerne auschecken; ausgesprochen: *Ei wudd leik tu tscheck aut*)

Vermutlich werden Sie dann gefragt, wie Ihnen der Aufenthalt gefallen hat:

Was everything ok for you? (War alles zu Ihrer Zufriedenheit?; ausgesprochen: *Woas effriething ok vor ju?* - Bitte vergessen Sie nicht das trocken gelispelte 'th' in everything)

Oder

You enjoyed your stay in our hotel? (Haben Sie Zeit in unserem Hotel genossen?; ausgesprochen: *Ju enscheud jur stäh in auer Hotel?*)

We hope everything was ok for you. (Wir hoffen, das alles in Ordnung war. ; ausgesprochen: *Wi hohp effriething woas ok vor ju*)

Dann könnten Sie höflich sein und Folgendes antworten:

Yes, thank you. Everything was great. (Ja, vielen Dank. Alles war großartig.; ausgesprochen: *Jess, thenk ju. Effrithing was gräht*)

Oder

Yes, thank you very much. It was perfect. (Ja, haben Sie vielen Dank. Es war perfekt.; ausgesprochen: *Jess, thenk ju werrie matsch. Itt woas pörfeckt.*)

Wenn Sie das auschecken dann hinter sich haben, wird es darum gehen, zum Flughafen oder Bahnhof zu gelangen. Das Taxi bestellen Sie dann wie folgt (sofern Sie es an der Rezeption beauftragen):

Could you call me a taxi please? I need to go to the airport. (station) (Könnten Sie mir bitte ein Taxi rufen? Ich muss zum Flughafen (Bahnhof). ; ausgesprochen: *Kutt ju koll mi ä täxi plies? Ei nied tu go tu thie ährport (stäschion)*)

Wenn Sie im Urlaub einen freundlichen Taxifahrer kennen gelernt haben und dieser Ihnen seine Visitenkarte gab, können Sie ihn auch wie folgt telefonisch selbst ordern.

Hi, this is (Ihr Name). I need a taxi for now to the airport. I am in Hotel …… . Could you come please? (Hallo, hier ist (Ihr Name). Ich brauche ein Taxi für jetzt zum Flughafen. Ich bin im Hotel... Könnten Sie jetzt kommen?; ausgesprochen: *Hei, this iss (Ihr Name). Ei nied ä täxi vor nau tu thie ährport. Ei jäm in Hotel.... Kutt ju kamm plies?*)

Wenn das Taxi dann da ist, teilen Sie mit, wohin Sie möchten:

I need to go to the airport please. (Ich muss zum Flughafen bitte. ; ausgesprochen: *Ei nied tu go tu thie ährport plies*)

Unter Umständen werden Sie gefragt welche Zone am Flughafen, also Abflug oder Ankunft. Sie müssen zum Abflug, also zur

Departure Zone (*Diepartscher son*)

Am Flughafen geht es dann zum **Check in**, der an den aushängenden Tafeln ausgeschildert sein sollte. Damit dürfte der Urlaub, der hoffentlich erholsam war und in denen Sie einige der in diesem Buch vorgestellten Redewendungen anwenden und verwenden konnten, leider vorbei sein....

Ich hoffe dennoch, dass Sie eine schöne und erholsame Reise hatten! Übrigens, wenn Sie nach

diesem kurzen Einstiegskurs Lust auf mehr Englisch bekommen haben, erfahren Sie nach der folgenden Übersicht in dem Bonuskapitel noch, wie Sie ein umfangreiches Wörterbuch direkt in Ihr email Postfach und damit auf Ihren Kindle Reader oder die Kindle Lese App bekommen können!

»»Sätze und Redewendungen aus diesem Kapitel in der chronologischen Übersicht:

I would like to check out. (Ich möchte gerne auschecken; ausgesprochen: *Ei wudd leik tu tscheck aut*)

Was everything ok for you? (War alles zu Ihrer Zufriedenheit?; ausgesprochen: *Woas effriething ok vor ju?* - Bitte vergessen Sie nicht das trocken gelispelte 'th' in everything)

You enjoyed your stay in our hotel? (Haben Sie Zeit in unserem Hotel genossen?;

ausgesprochen: *Ju enscheud jur stäh in auer Hotel?*)

We hope everything was ok for you. (Wir hoffen, das alles in Ordnung war. ; ausgesprochen: *Wi hohp effriething woas ok vor ju*)

Yes, thank you. Everything was great. (Ja, vielen Dank. Alles war großartig.; ausgesprochen: *Jess, thenk ju. Effrithing was gräht*)

Yes, thank you very much. It was perfect. (Ja, haben Sie vielen Dank. Es war perfekt.; ausgesprochen: *Jess, thenk ju werrie matsch. Itt woas pörfeckt.*)

Could you call me a taxi please? I need to go to the airport. (station) (Könnten Sie mir bitte ein Taxi rufen? Ich muss zum Flughafen (Bahnhof). ; ausgesprochen: *Kutt ju koll mi ä täxi plies? Ei nied tu go tu thie ährport (stäschion)*)

Hi, this is (Ihr Name). I need a taxi for now to the airport. I am in Hotel ..... . Could you come

please? (Hallo, hier ist (Ihr Name). Ich brauche ein Taxi für jetzt zum Flughafen. Ich bin im Hotel... Könnten Sie jetzt kommen?; ausgesprochen: *Hei, this iss (Ihr Name). Ei nied ä täxi vor nau tu thie ährport. Ei jäm in Hotel.... Kutt ju kamm plies?)*

I need to go to the airport please. (Ich muss zum Flughafen bitte. ; ausgesprochen: *Ei nied tu go tu thie ährport plies*)

Departure Zone (*Diepartscher son*)

»»Einige wichtige Dinge am Ende

Hand aufs Herz, waren diese im vorangegangenen Buch vorgestellten Redewendungen, Sätze oder Floskeln wirklich so schwer, dass Sie Angst haben müssten, dieses Englisch anzuwenden? Ich denke eher nicht, oder? Es war kein großer Kurs, keine rein theoretischen Abhandlungen oder Lektionen. Vielmehr haben Sie die „Basics" kennen gelernt, mit denen Sie zum Ausdruck bringen, Ihr Gegenüber so zu respektieren, dass sie nicht erwarten, dass er Ihre Sprache spricht, sondern mit denen Sie deutlich zeigen, dass Sie höflich und zuvorkommend genug sind, es zu versuchen. Denn wir wollen keine Illusionen vorgaukeln, wenn Sie bislang noch nie in aktive Berührung mit Englisch gekommen sind, dann wird Sie auch ein Kurs wie dieser hier nicht in die Lage versetzen, plötzlich über Nacht perfekt eine Fremdsprache zu beherrschen. Aber das war auch nicht das Ziel dieses Kurses. Das Ziel war, Ihnen die Fundamentstücke zu geben, mit denen Sie in den üblichen Situationen zum Ausdruck bringen können, was Sie begehren und was Ihr Wille ist. Sei es bei der Fahrt mit dem Taxi, bei der Erfragung eines Weges, im

Hotel oder im Restaurant und nicht zuletzt beim Einkaufen. Wenn Sie die Lektionen durchgearbeitet haben, dann sind Sie auch in der Lage, diese Situationen so zu umschiffen, dass Sie ohne unhöflich zu wirken die notwendigste Verständigung schaffen. Wiederholen Sie das Gelesene, denken Sie dabei, dass Sie aus den einzelnen Satzbausteinen in diesem Buch ganze Absätze schaffen können. Erst die Begrüßung, dann die Höflichkeiten, die Frage und die dankbare Antwort bis hin zur Verabschiedung. Sie haben all das gelernt und können es verwenden. Also keine Scheu davor! Und falls nicht, nehmen Sie dieses Buch mit auf Reisen, schlagen Sie hier und da nach, wie der richtige Satz lauten könnte und sehen Sie es als kleinen „Begleiter“ an.

Wenn es gelungen ist, Ihnen die Grundzüge der Ausdrucksweisen zu zeigen, die höflichen Fragen und Antworten und nicht zuletzt, die notwendigen Ergänzungen, dann ist das Ziel erreicht. Falls es mir zudem gelungen ist, in Ihnen mit diesem kleinen Werk die Begeisterung für die weitere Beschäftigung mit der englischen Sprache zu erwecken, dann wäre das ebenfalls toll. Aber auch wenn nicht, ich denke dass Sie mit diesem Grundstock sicher am Ziel ankommen und im richtigen Hotel landen und auch einige Situationen gut meistern werden. Der Rest soll ein erholsamer Urlaub für Sie sein. Nicht zuletzt geht es doch darum, oder?

Ich wünsche in jedem Fall einen erholsamen und mit gekonnten sprachlichen Einlagen garnierten, schönen Urlaub!

Printed in Poland
by Amazon Fulfillment
Poland Sp. z o.o., Wrocław

32571659R00107